現代の
消費者主権

消費者は消費者市民社会の
主役となれるか

古谷由紀子 著

芙蓉書房出版

はじめに
　——消費者は消費者市民社会の主役になれるか——

本書の目的

　2020年に東京で開催されるオリンピック・パラリンピック競技大会では「持続可能性に配慮した調達コード　基本原則」が定められている＊1。そこでは「経済合理性のみならず、公平・公正性等に配慮して、大会開催のために真に必要な物品やサービスを調達していくと共に、持続可能性を十分に考慮した調達を行う」としている。持続可能性はもはや社会のなかのさまざまな取組みの前提になりつつある。

　そして消費者も、このような持続可能性に関わる取り組みについて無縁ではいられない。社会の一員として主体的に関わる、いやむしろ主役として行動していくことが求められるようになっている。2009年に消費者庁が創設され、消費者が主役となる社会を実現すべく歩みが始まっている。また2012年には消費者教育の推進に関する法律（平成24年8月22日法律第61号。以下、「消費者教育推進法」という）が成立し、「公正で持続可能な社会」を消費者市民社会と名付け、消費者が消費者市民社会の形成に参画することを求めている。

　しかし、行政組織や消費者教育が整備されることだけでは消費者が消費者市民社会の主役として行動することはできない。何が課題で何が必要なのだろうか。本書はそれを考えようというものであり、一言でいえば、筆者は「現代の消費者主権」の確立が必要であると考えている。

　言うまでもなく現在の経済社会は市場経済を基本として成り立っており、消費者は市場における基本的な主体として商品を選択し、あるいは選択しないという行動をとることによって、選ばれた商品が残る、あるいは選ばれた企業が残るという、基本的には「消費者主権」が機能する経済の仕組みとなっている。

　しかし、実態はそうなっていないことが問題である。そこで本来市場経済が想定している消費者主権が機能するために、言い換えれば消費者の選択が機能できる経済社会とするためには何が必要なのだろうか、を考えたい。それは消費者にとっても経済全体にとっても歓迎されるはずである。

本書では、現在の消費者をめぐる実態を考察し、従来の「消費者主権」を超えて、「現代の消費者主権」が必要であるとするものである。「現代の消費者主権」は消費者の権利の確保をはかりながらも、現在市場で求められている消費者の役割をも加味して、真に消費者が市場経済の主役となるためにどうすればいいのかを考えていく。

消費者の"選択"の背景にある企業*2との格差と消費者問題
　消費者は市場において消費者主権を行使できていないとはどういうことだろうか。それは消費者の商品やサービスの選択の実態を見ると理解できる。
　私たち消費者はさまざまな選択肢の中から自分にとって有益な選択をしていると考えている。しかし、その選択は適切かつ十分な情報に基づいているとはいえない。商品等の情報のほとんどは企業の広告やラベル等の表示にもとづくものである。最近ではネット上の口コミ情報を見て選択する消費者も多いが、それらはたしかに商品選択の参考になる情報ではあるが、その商品やサービスに対する満足か不満足かという情報がほとんどであり、商品自体を表すものではない。
　つまり消費者には企業と比べて情報格差あるいは情報の非対称性という実態がある。その結果、意図しない商品を購入するだけではなく、金銭的な、あるいは健康に対する被害や不利益を受けることがある。今日の著しい経済社会の変化は日々新たな消費者問題*3を生み続けていといっても過言ではない。
　また、市場における問題は情報格差のみではない。企業との交渉力格差も存在し、さらには企業の不適切な勧誘や販売行為も存在する。

消費者をめぐる社会の変化と政策
　このような市場における消費者の不利益や被害などの消費者問題に対して、戦後から現在まで国を中心に地方自治体、企業、消費者団体などの各主体が取り組んできている。これらは消費者政策として、当初は消費者保護政策として、1968年の消費者保護基本法（昭和43年5月30日法律第78号）の成立によって始まり、その後、現在は2004年に同法は消費者基本法（昭和43年5月30日法律第78号）*4へと改正され、消費者の権利を尊重と消費者の

自立を支援する政策に変化している。

　また2015年に定められた今後5年間の「消費者基本計画」*5では目指す社会を「公正で持続可能な社会」である消費者市民社会とし、消費者がこのような社会に主体的に参画することを想定するようになっている。

　戦後、消費者問題が社会問題化し、消費者保護基本法が成立した際には、消費者は保護の対象とされた。その後、規制緩和等市場の活性化への要請を受けて、消費者の権利を定め、消費者の自立の支援をうたった消費者基本法が成立した。従来「規制下で保護された消費者も市場参加者の一員となってきている」とされ（関川, 2012:4）、さらには「市場構造が複雑化し、単なる規制だけでは対処しきれておらず、規制強化による弊害を除去するためにも、消費者の市場における役割や責任の範囲も変化せざるを得ない状況になっている」（朝岡・関川, 2012:i）など、消費者の権利とともに消費者の役割に注目が集まるようになっている。

　さらに経済のグローバル化に伴う格差などの労働問題の増加や資源の枯渇や気候変動などの地球環境の悪化は「持続可能な開発（発展）」という考え方を生み、市場経済の基本であったはずの消費者の自己利益の追求という行動への変化を求め、自己利益のみならず「持続可能な消費」など未来の社会を視野に入れた積極的な行動を期待するようになってきた*6。

　もちろん消費者自身の意識や行動にも変化が見られ、日本では2011年の東日本大震災の際に「被災地産品を買って支援」という「応援消費」が見られたが、その背景について、渡辺（2011）は1995年の阪神淡路地震の際には見られなかったものであり、その後ホームレスの自立を支援する「ビッグイシュー」が国内で発売されたのが2003年、フェアトレードへの関心が高まってきたのが2005年頃、企業の社会貢献商品が増え始めたのが2007年頃、「社会的な消費」*7や「エシカル消費」*8といった言葉が広く使われ始めたのが2010年頃というように、日本社会が1995年の阪神淡路地震当時とは質的に変化していったとしている（渡辺, 2011: 332）。

消費者市民社会の形成に向けて消費者はどうあるべきか

　このような時代や政策の変化を見ると、現在の消費者は権利の尊重から役割や責任を果たす消費者に転換していく必要性を示しているかのように見えることから、現在は消費者の役割や責任を強調し、消費者の変化を促

す動きになっている。しかし、消費者の権利が必要とされた背景は解決しておらず、いまもなおさまざまな消費者被害が発生し消費者の権利が十分確保されていないことにも注意を払わなければならない。

　事は単純ではない。消費者は一方で権利も必要であり、他方では責任も要請されるようになっている。さらに問題を複雑化しているのは権利と責任の関係の理解である。よく聞かれる意見として権利の主張には責任が伴うとして、消費者が権利のみを主張し、責任を果たしていないとして、責任を権利の反面として語られることもある。これは「消費者の役割・責任」についての明らかな誤解であり、「第1章　消費者の選択と市場経済」など関連する箇所で論ずることにする。

　消費者は市場から影響を受けて被害や不利益を受けている実態にありながらも市場において積極的な役割・責任を期待されるという状況に立たされている。消費者にとっては一見矛盾した現象が発生しているように見える。このようななか、消費者はどのような存在であるべきかが問われている。本書の「現代の消費者主権」は、その答えを見出そうというものであり、いいかえれば従来の「消費者主権」では今の消費者を適切に位置づけていないということでもある。

　本書では消費者は市場経済の主体としての意識を持ち、行動していくことが必要であり、それを「現代の消費者主権」として論じる必要があるとするものである。これは経済の基本である「消費者主権」をベースにしながら、単なる市場経済における主権者としての行動を超えて、持続可能な社会に向けて他の主体とともに当事者として主体的に行動する消費者を想定するものである。これは消費者市民社会*9における消費者像でもある。

　なお、本書の「現代の消費者主権」の主張への考え得る懸念として、「消費者の権利」も十分図られていない現状において、消費者の役割を求めることが過度に消費者の責任を追及することになりかねないのではないかとの批判である。これについては、特に「第7章　『現代の消費者主権』の実現―消費者が消費者市民社会の主役となるために―」において、消費者の役割を消費者の責任を追及するものとして位置付けるのではなく、現実の市場のなかで消費者が主権者として行動していくことを可能にする、消費者支援の問題として捉えることを明らかにする。

はじめに

　本書の構成は「はじめに―消費者は消費者市民社会の主役になれるか―」、「第1章　消費者の選択と市場経済」、「第2章　市場経済における消費者と消費者問題」、「第3章　消費者問題の『問題点』と『発生要因』」、「第4章　消費者政策」、「第5章　消費者市民社会と消費者」、「第6章　消費者を支援する消費者教育」、「第7章　『現代の消費者主権』の実現―消費者が消費者市民社会の主役となるために―」、「第8章　多様な事例を通して考える『現代の消費者主権』の実現」、「おわりに―結論と今後に向けて―」となっている。

　本書は2016年3月の「博士学位論文」である「持続可能な社会における消費者政策の新たな枠組みとは―『現代の消費者主権』にもとづいて―」に元にしているが、本書では消費者政策に焦点を当てるのではなく、その中心要素である「現代の消費者主権」に焦点をあてて再構成した。したがって、「現代の消費者主権」の実現についての具体的事例などの加筆を行っているほか、その後の社会状況の変化や新たに公表された消費者に関わる報告書等による追加修正を行った。

註
* 1　https://tokyo2020.jp/jp/games/sustainability/data/sus-principles-JP.pdf（2016. 11.22）
* 2　「企業」は、法律や行政上では「事業者」という用語が使われており、本書では原文を引用する際に「事業者」の用語が使われているときはそのままに、それ以外は可能な限り「企業」の用語を使用する。
* 3　「消費者問題」については、一般的には「最終消費者として購入した商品・サービスから及びその取引をめぐって生ずる消費者の被害または不利益の問題」（小木, 1998: 23）とされている。
* 4　本書では消費者基本法のみならず消費者政策に関わる多数の法律名を記述しているが、その名称の記載方法については正式名称のほか略称も使用している。特に成立のみを記すものについては略称を用いている。
* 5　2015年3月24日に閣議決定された。2015年度からの5年間の消費者政策の内容を定めたものである（消費者庁, 2015b）。
* 6　「持続可能な消費」への取組みが国際レベルで動いており、消費者団体の国際組織である国際消費者機構（CI=Consumers International。以下、「CI」とい

う）においても積極的な取組みを行っている。また2015年7月、消費者庁では「より良い社会に向けて、人や社会・環境に配慮した消費行動（倫理的消費）への関心が高まっている」として、消費者市民社会の形成に向けた「『倫理的消費』調査研究会」を立ち上げている（消費者庁、2015d）。

なお、CIは、「1960年に、アメリカ消費者同盟、イギリス消費者協会、オランダ消費者協会、ベルギー消費者協会、オーストラリア消費者協会の5団体によってIOCU（=International Organization of Consumers Union）として設立され、1995年に現在のConsumers International（CI）に名称を変更した。本部はロンドンにあり、115カ国、220を超える加盟団体を率いる大規模な国際組織である」（丸山、2015: 179）。

*7 「社会的な消費」について、三浦は、現在日本社会は第4の消費社会（2005年～）が到来しているとし、第3の消費社会（1975～2004年）の高度消費社会がもたらした矛盾を解決する方向に動き、そこでは、個人志向から社会志向への変化が見られ、シェア志向やエコロジー志向などの特徴があるという（三浦、2012: 140-189）。

*8 「エシカル消費」とは、「より良い社会に向けて、人や社会・環境に配慮した消費行動（倫理的消費）」といわれている（消費者庁、2016c）。

また欧米ではエシカル消費が進んでおり、2009年9月10日号の"TIME"が「倫理的消費者の増大」（The Rise of the Ethical Consumer）の特集記事のなかで、その実態を紹介している。そこでは倫理的消費の事例の増加を示し、「私たち市民としての義務は、選挙、ボランティアだけではなく、市場における責任ある消費によって社会の変化を促す、新しい時代に入っている」（Stengel, 2009）と述べている。

*9 消費者市民社会については2008年ころから論じられ、消費者教育推進法で「公正で持続可能な社会」として定義されている。詳しくは「第5章 消費者市民社会と消費者」で論じる。

現代の消費者主権 ❖ 目次

はじめに——消費者は消費者市民社会の主役になれるか—— ………… *1*
　本書の目的／消費者の"選択"の背景にある企業との格差と消費者問題／消費者をめぐる社会の変化と政策／消費者市民社会の形成に向けて消費者はどうあるべきか

第1章
消費者の選択と市場経済 ……………………………………………… *11*
　1．経済の基本的仕組みにおける消費者の選択　*11*
　　「買う」選択をしたとき／「買わない」選択をしたとき／実態における消費者の選択と市場
　2．消費者の権利と市場経済　*13*
　　消費者の権利とは／消費者の権利の性格／消費者の権利と企業の営業活動の自由との関係／消費者の権利の尊重は世界共通の理念
　3．消費者の役割・責任と市場経済　*19*
　　市場経済における消費者の位置づけの変化／
　　消費者の役割・責任の変化／社会の変化による消費者の役割・責任の変化と市場経済／CIの「消費者の5つの責任」をどう見るか／「消費者の責任」を用いる場合の注意

第2章
市場経済における消費者と消費者問題 ……………………………… *27*
　1．市場経済における消費者　*27*
　　消費者とは／市場経済における消費者
　2．「消費者問題」の社会問題化　*28*
　　消費者は市場からさまざまな影響を受ける／消費者問題の分類／消費者問題の定義の見直し
　3．消費者問題の現状　*32*
　　消費生活相談の件数は92.7万件（2015年度）／「安全」「価格」「広告」「販売方法」「契約」など多様な相談／消費者被害額は年間約6.1兆円（2015年度）
　4．消費者問題「安全の問題」　*35*

相談件数および消費者安全法にもとづき消費者庁に通知された事故／過去、消費者団体が取り上げた「安全の問題」／消費者に注意喚起を行った事案
　5．消費者問題「表示・広告の問題」　*41*
　　表示・広告相談件数／過去に消費者団体が取り上げた事例／食品不当表示に関する相談
　6．最近はどのような消費者問題があるか　*43*

第3章
消費者問題の「問題点」と「発生要因」　*49*
　1．「問題点」は6つに分けられる　*49*
　　①基準・ルールの問題／②情報格差の問題／③企業の行動の問題／④行政の行動の問題／⑤消費者の行動の問題／⑥被害・不利益の発生の問題
　2．「発生要因」は3つ　*55*
　　①「基本的な市場メカニズムの機能整備の問題」／②「市場メカニズムでは解決できない消費者個人の被害・不利益の回復の問題」／③「消費者の強化による市場メカニズムの積極的活用の問題」

第4章
消費者政策　*63*
　1．消費者問題・消費者・制度の変遷　*63*
　　1940年代〜1950年代／1960年代／1970年代／1980年代／1990年代〜2000年代前半／2000年代後半〜
　2．主体ごとに見る消費者政策の特徴　*70*
　　行政の取組み／企業の取組み／消費者（団体）の取組み
　3．消費者政策の体系の変遷　*74*
　　消費者保護・企業規制／消費者の権利の尊重、自立の支援、市場ルールの重視／行政のパラダイム転換／目指す社会像の「消費者市民社会」の設定

第5章
消費者市民社会と消費者　*83*
　1．「消費者市民社会」概念の登場　*83*
　　環境から経済・社会へと広がる持続可能性／国の政策として持続可能な

社会が視野に
   2．持続可能な社会に向けた消費者としての行動への期待　*88*
      「持続可能な消費」における消費者への期待と課題／「持続可能な消費」の領域を考える／「持続可能な消費」の条件を考える／「持続可能な消費」の責任主体を考える
   3．SDGsを「持続可能な生産消費」を起点に見る　*93*
      企業の「持続可能性」への取組み

第6章
消費者を支援する消費者教育 ──────────── *101*
   1．消費者教育の変遷　*101*
      消費者教育は「自立の支援」か／消費者市民社会における消費者像と消費者教育
   2．「消費者の自立」、「自己責任」の登場と背景　*103*
      消費者の自立をどう考えるか／自己責任論の問題点／欧米等におけるエンパワーメントとしての消費者教育
   3．消費者政策における「保護」から「自立」の変遷の問題　*108*
      市場メカニズムの活用と消費者政策／消費者を保護の客体とするか、自立する主体とするか
   4．消費者被害防止と消費者市民教育の分断　*111*
      何が問題か／消費者被害防止教育を考える／消費者市民教育を考える／消費者教育の体系イメージマップ
   5．各種調査から見る消費者の意識　*114*
      消費生活における意識や行動／持続可能性に関わる意識や行動

第7章
「現代の消費者主権」の実現 ──────────── *123*
   ─消費者が消費者市民社会の主役となるために─
   1．「現代の消費者主権」とは　*123*
      消費者の主体的行動と消費者主権／「現代の消費者主権」の行使によって得られる「消費者利益」とは
   2．消費者をどう捉えるべきか　*125*
      多様な消費者像／市場との関係から見た消費者の二面性／消費者の捉え方の差異が生む取組みの差異

3．消費者問題の「発生要因」と「現代の消費者主権」の関係　*133*
　　第一の発生要因「基本的な市場メカニズムの機能整備の問題」と「現代の消費者主権」／第二の発生要因「市場メカニズムでは解決できない消費者の被害・不利益等の回復の問題」と「現代の消費者主権」／第三の発生要因「消費者の強化による市場メカニズムの積極的活用の問題」と「現代の消費者主権」
　4．消費者以外の他の主体の役割とは　*135*
　　「現代の消費者主権」の支援とは／行政の役割／企業の役割／消費者団体の役割／連携・協働の取り組み

第8章
多様な事例を通して考える「現代の消費者主権」の実現　……………*153*
　　1．安全とリスク　*153*
　　2．消費者の選択基準　*155*
　　3．苦情の申し出　*155*
　　4．意見表明・提言　*156*
　　5．情報格差の克服　*157*
　　6．グリーン消費　*159*
　　7．エシカル消費　*160*
　　8．ラベルの活用と監視　*162*
　　9．生産過程への評価　*164*
　　10．ステークホルダーダイアログ・エンゲージメント　*165*

おわりに──結論と今後に向けて──　………………………………*171*
　　消費者主権をめぐる現状／今後に向けて、消費者、企業、行政、市民組織へ

参考文献　*179*

第1章
消費者の選択と市場経済

　本章では市場において消費者の選択はどのような影響を及ぼすのかを具体的に考察する。消費者は保護されるべき存在か、権利を持つ存在か、役割・責任を担うべき存在かという議論の前提として、そもそも消費者の選択と市場との関係を見ることによって、消費者の主体としての在り方および他の主体の在り方が変わってくるからである。

1．経済の基本的仕組みにおける消費者の選択

　消費者の選択が市場経済においてどのように機能しているかについて、消費者が「買う」選択をしたときと、「買わない」選択をしたときの経済の基本的な仕組みの差異を具体的にみてみよう。

「買う」選択をしたとき
　消費者が企業の提供する商品等を「買う」という選択をすることによって、その商品等は市場に残ることになる。もちろんこれは一定の量の選択がある場合であることが前提であることはいうまでもない。次の図はそれをイメージにしたものである（図1）。

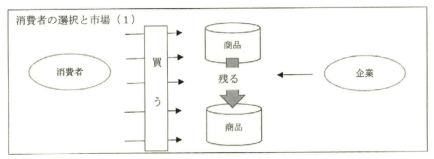

図1　消費者の選択と市場（1）（イメージ）　　出所：筆者作成

「買わない」選択をしたとき

　消費者が企業の提供する商品等を「買わない」という選択をすることによって、その商品等は市場から消える、つまり淘汰されることになる。もちろん、すべての人が「買わない」という選択をするのではなく「買う」という選択も含まれるが、全体として「買わない」選択の影響が大きい場合であることが前提である。次の図はそれをイメージにしたものである（図2）。

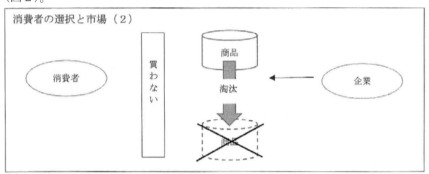

図2　消費者の選択と市場（2）（イメージ）　　出所：筆者作成

　市場経済とは市場を通して商品やサービスの取引が行われる経済のことであり、市場経済のもとで何を消費するかについての判断は政府ではなく、個人が自己責任で行うのが基本として、「消費者は商品・サービスを消費することから得られる効用の最大化を目指して行動することが想定されている」（嶋村, 2009: 4-5）。その結果、「消費者の選択を通して消費者ニーズに合った商品が供給され」、「消費者にとっての市場経済のメリット」（徳力, 2003: 43）が得られることになる。これは市場メカニズムと呼ばれ、「さまざまな財・サービスが、それぞれの市場で自由に売買され、需要や供給の主体である個人や企業がそれらの市場に自由に参入・退出することによって、望ましい資源配分を達成するような経済全体の仕組みを意味して使われ」ている（柳川, 2015: 83）。また「消費者が市場を支える唯一重要な主体であり、市場は消費者のためのものである（消費者主権）という考え方が30年前と比べると消費者の意識により明確に根付いている」（安田, 2005: 54）とも言われるようになっている。

第1章　消費者の選択と市場経済

実態における消費者の選択と市場

「第2章　市場経済における消費者と消費者問題」において詳述するが、現実の市場においては、企業と消費者の間には情報や交渉力等のアンバランスが存在する結果、消費者はさまざまな消費者問題にさらされる。それは消費者の選択がよりよい商品や企業が残る、あるいは問題ある商品や企業が淘汰されるという消費者主権という経済の仕組みがうまく機能しないということである。

鈴木はこのような実態について、消費者には市場において直接および間接の不利益を受けるという。直接の不利益は消費者の身体損害や財産上の損害から、事実を「知っていれば買わなかった」、「知っていれば買ったのに」という程度のものまで含まれる（鈴木, 2010：16）とし、間接的な不利益として、「消費者が事実を知っていれば選択しなかったようなものを買ってしまうとそれが市場に残り、知っていれば買いたかったものが死に筋商品として市場から消えるおそれがある。このことは、消費者には認識できないが、消費者の選択を媒介として間接的に生じる不利益である。」とし、「消費者の間接的不利益は、……自由主義経済の基本的メカニズムが機能しなくなるという重大な不利益を意味する。」と指摘する（鈴木, 2010：16-17）。

次の図はそれをイメージにしたものである（図3）。

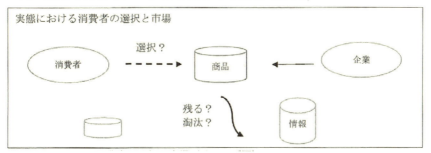

図3　実態における消費者の選択と市場（イメージ図）　　出所：筆者作成

2．消費者の権利と市場経済

消費者の権利は初めから当然のものとして認められていたわけではない。

実際の市場においては、消費者は主権者とされながら、情報格差等の実態からさまざまな直接間接の不利益を受ける、あるいは消費者の選択による基本的な市場メカニズムが機能しないという結果を生んでいることを背景にして生まれた。

1962年、世界で初めてアメリカで「消費者の利益の保護に関する米国連邦議会への特別教書」（以下、「ケネディ教書」という）において消費者の権利（表1）が宣言された。そこでは消費者の権利を認めた背景について、「われわれすべては消費者であり、最も大きな経済グループである。行政や民間の経済的意思決定に影響を与え、あるいは影響を受ける存在であるにもかかわらず、効果的に組織されていないためにその意見は届かない」*1と述べている。市場経済をそのまま無条件に推進していくことで消費者問題は起きるとし、問題を解決していくために消費者の権利を認める必要があるとしたのである。

表1 「ケネディ教書」による「消費者の権利」

1962年、世界に先駆けて、ケネディによって次の4つの「消費者の権利」が宣言された。のちに、1975年フォード大統領によって「消費者教育を受ける権利」が追加されている（岩本, 2013:138, 丸山, 2015:21）。
① 安全への権利（The right to safety）
② 情報を与えられる権利（The right to be informed）
③ 選択をする権利（The right to choose）
④ 意見を聴かれる権利（The right to be heard）

出所：岩本, 2013および丸山, 2015をもとに筆者作成

消費者の権利とは

現在の市場経済システムの中では、企業から供給される商品・サービスを、企業が提供する情報とともに購入することが基本であり、そのなかで消費者は、自由な意思のもとに商品・サービスを選択し、決定する。「消費者と事業者はともに市場参加者であるが、事業者には市場に供給する商品・サービスの価格や量、情報をコントロールできる力があるという点で、また取引の場において優位な交渉力を有するという点で、両者の間には大きな「力の格差」が存在している。」『消費者の権利』は、この力の格差

によって、安全かつ安心な生活を脅かされない、消費者の生活・生存のための基本的な権利である。」(岩本, 2013:141)。

そして、このような消費者の権利は「日々の生活のなかで消費者が自らの正当性、妥当性、権益、要望事項などを主体的に主張・要請できる権利」であり、また「消費者のために経済が存在するとの原点を想起するなら、消費者は利益の享受と不利益の排除・補償を請求する基本的権利を保持していることになる。これがいわゆる消費者主権であろう」とされる（水谷, 2005:10）。経済上の概念である「消費者主権」と法律上の概念である「消費者の権利」が架橋され、消費者主権の実現のためには消費者の権利が認められるという関係にあることが明確に述べられている。

「消費者の権利」は、消費者は市場において構造的に不利益な状態にあることから消費者の選択は阻害され、経済の基本である消費者主権が十分に機能しないことになることから認められることになったのであり、さまざまな法制度等によって消費者主権の回復、あるいは消費者主権の実現が図られるようにしているのである。

消費者の権利の性格

消費者の権利の性格については、私法上の権利と捉えるものと憲法上の権利と捉えるものがある。

私法上の権利と捉えるものは、消費者が企業に対して、それらの権利行使ができることを意味する。たとえば、「救済を求める権利」は、企業が提供した商品によって健康や財産上の損害を受けた場合に、消費者が企業に対して損害賠償請求することができるとするのが典型例であるとする（細川, 2006）。しかし、「安全である権利」や「必要な情報が知らされる権利」などの場合、企業が関係法令等を遵守している限りにおいて、それ以上の安全や情報公開の請求を私法上の権利として行使することは難しく、消費者の消費者運動や企業の社会的責任（CSR）の要求などを通した要請とならざるをえない。

消費者の権利を憲法上の権利と捉えるものとして、消費者の権利を人間の尊重に根差した経済社会の基本原則（正田, 2010:12）とするもの、また「消費者として社会構造上受けるさまざまな不利益の被害者として有する権利を包括した総合的な権利」として消費者の活動に「不利益を与えるこ

とは、憲法25条で保障する『健康で文化的な最低限度の生活を営む』権利の侵害につながる」とするもの（鈴木，2010:20）がある。これらの捉え方は、たとえば「必要な情報が知らされる権利」については、「消費者が、国家に対して表示に関する法制度の創設・改正を請求し、立法を通じて新たな法令が制定され、それに基づいて事業者に対する法令の適用（事業者に「表示をさせる」）がなされて初めて、権利が実現する」ことになる（岩本，2013:145）。

消費者の権利と企業の営業活動の自由との関係

「消費者の権利」については、市場におけるもう一方の当事者である企業の「営業活動の自由」との関係を検討する必要がある。なぜなら、市場経済においては企業の活動によって商品・サービスが提供されるという関係にあり、「消費者の権利」の尊重は企業の営業活動に影響を及ぼすことがあるからである。

正田は消費者の権利を人間の尊重に根差した経済社会の基本原則とし、「消費者の権利」と企業との関係については、「事業者も、一般市民と同様に、他人の権利を尊重するということが、経済についての基本原則」（正田，2010:12）であるとする。消費者基本法においても、企業は消費者の権利を尊重した事業活動を行う必要がある（同法第5条）ことを定めている。

これに対し、消費者問題の解決に「市場の規範の再構築」を掲げる谷は、「営業の自由と消費者の権利のどちらを重視するかといった二元論では解決できない」として、「市場の規範の構築」（谷，2012:151）が重要であるとする。正田はこの二元論について、次のように批判する（正田，2010:156-157）。

> 国民の生活は経済に大きく依存しており、国民生活は消費生活という形で具体化される。したがって、国民が安心して生活するための基礎は、国民の消費生活における権利の確立にある。そうした考えを中心に置かなければ、国民のための経済社会は実現できないであろう。人間の権利の尊重は、現代社会の基本原則である。したがって、事業者による事業活動は人間の権利の尊重を前提として成り立つものでな

ければならない。けっして、人間の権利と事業者の権利をどう調整するか、どう折り合いをつけるか、という発想であってはならない。

消費者の権利の尊重は世界共通の理念

現在、消費者の権利の尊重を消費者政策の基本理念とすることは世界共通の考え方になっている。欧州では、欧州経済共同体の理事会で採択された「消費者の保護及び啓発のための第一次政策プログラム」(1975年)において、韓国、中国、イタリアにおいては消費者保護法等において、消費者の権利が規定されている(消費者庁, 2014a:7)。また、国際消費者機構(CI)では1980年に8つの消費者の権利を定め(久保田, 1999:260)、国連では1985年に国連消費者保護ガイドラインにおいて消費者の権利を定めている。日本においては2004年に成立した消費者基本法に消費者の権利が盛り込まれている。

消費者の権利については、時代や社会、さらには策定主体によってその内容に差異が見られるが、「ケネディ大統領が示した『消費者の権利』は、当時のアメリカの経済社会における消費者問題を背景として提唱されたものであり、CIが掲げた8つの『消費者の権利』は、アメリカ大統領特別教書で示された4つの権利を基本として、先進諸国のみならず、発展途上国にとっても必要とされる生活・生存のための基本的権利を充実するという立場から、権利の内容を追加・補充してきたもの」(岩本, 2013:141)である。

これらの消費者の権利は「消費者利益」、あるいは消費者問題がどのような問題で起きるのかを知る手がかりとなるため、以下に、主要な消費者の権利の内容を示す。それらは共通する内容もあるが、時代によって、あるいはそれを定めた主体によって若干の差異が存在する。消費者問題は、「それぞれの国や地域の経済、社会の状況によって異なり、消費者の生活・生存のための基本的な権利の内容は、各国の事情を踏まえた形で具体化されることになる」からである(岩本, 2013:141)。

● CIにおける消費者の権利

1980年にCIは、アメリカで宣言された消費者の権利に、さらに3つの権利を追加して、次の8つの権利を提起した(久保田, 1999:260)。

①生活のニーズが保障される権利（The right to satisfaction of basic needs）
②安全への権利（The right to safety）
③情報を与えられる権利（The right to be informed）
④選択をする権利（The right to choose）
⑤意見を聴かれる権利（The right to be heard）
⑥補償を受ける権利（The right to redress）
⑦消費者教育を受ける権利（The right to consumer education）
⑧健全な環境の中で働き生活する権利（The right to a healthy environment）

● 国連「消費者保護に関するガイドライン」

1985年に国連消費者保護ガイドラインが定められた。その名称からもわかるように、同ガイドラインは消費者の保護の観点で消費者の権利を定めている。1999年の改定時には「持続可能な消費」が追加された（細川, 2006:144）。さらに同ガイドラインは2015年に改定され、次のような内容となっている（United Nations, 2016）。

①消費者による必需品・サービスへのアクセス
　（Access by consumers to essential goods and services）
②脆弱で恵まれない消費者の保護
　（The protection of vulnerable and disadvantaged consumers）
③健康と安全に対する危害からの消費者の保護
　（The protection of consumers from hazards to their health and safety）
④消費者の経済的利益の促進及び保護
　（The promotion and protection of the economic interests of consumers）
⑤消費者の個々の希望やニーズに従い、十分な情報に基づく選択を可能にするための十分な情報へのアクセス
　（Access by consumers to adequate information to enable them to make informed choices according to individual wishes and needs）
⑥消費者の選択の環境、社会、経済への影響に関する教育を含む消費者教育
　（Consumer education, including education on the environmental, social and economic consequences of consumer choice）
⑦効果的な紛争解決及び救済策が利用可能なこと
　（Availability of effective consumer dispute resolution and redress）
⑧消費者及びその他の関連団体又は組織を結成する自由並びに当該組織に　影響

を与える意思決定のプロセスにおいて見解を示す機会
(Freedom to form consumer and other relevant groups or organizations and the opportunity of such organizations to present their views in decision-making processes affecting them)
⑨持続可能な消費形態の促進
(The promotion of sustainable consumption patterns)
⑩電子商取引を利用する消費者への保護の水準が、その他の形態の商取引を利用する場合に与えられる保護の水準を下回らないこと
(A level of protection for consumers using electronic commerce that is not lesst han that afforded in other forms of commerce)
⑪消費者のプライバシー保護及び情報のグローバルかつ自由な流通
(The protection of consumer privacy and the global free flow of information)

●日本の消費者基本法

日本では2004年になってはじめて次の消費者の権利を盛り込んだ消費者基本法が制定された*2。CIの8つの消費者の権利とほぼ同じ内容になっている。
①消費生活における基本的な需要が満たされる権利
②健全な生活環境が確保される権利
③安全が確保される権利
④選択の機会が確保される権利
⑤必要な情報が提供される権利
⑥消費者教育の機会が提供される権利
⑦消費者の意見が消費者政策に反映される権利
⑧被害者が適切かつ迅速に救済される権利

3．消費者の役割・責任と市場経済

市場経済においては、消費者は経済合理性を追求する者として特に消費者の役割・責任が求められてはいないが、1990年代以降の規制緩和の要請が消費者の役割をクローズアップするようになる。またその後、持続可能な社会への消費者の期待がさらに消費者の役割を強調するようになってい

る。ところが、先行研究では消費者の役割・責任の変化と市場経済との関係に関しては十分明らかにしているとはいえない。

そこで本書では消費者の役割を市場経済の基本から考察することにする。

市場経済における消費者の位置づけの変化

市場経済の基本によれば、消費者が経済的合理性を追求する人間として、消費者が自由に商品や企業を選択し、その結果、市場の健全性が確保されることが想定されている。そこでは消費者の役割・責任は言及されていない。なぜなら消費者には自己利益を最大化する自由な選択しか求められてはおらず、それ以外の役割を認識して行動することは求められていないからである。

そして、前述したように消費者が企業とのさまざまなアンバランスがある実態のもとでは経済的合理性にもとづく消費者の選択は市場の健全化には貢献できず、消費者主権は機能しない。そこで、これまで消費者の権利を認めることで消費者の利益の確保のみならず市場の健全化を期待してきた経緯がある。

しかし、最近消費者の役割が強調されるようになってきているが、消費者の役割は市場経済との関係でどのような意味を持つことになるのかを十分明らかにしていない。

そこで、消費者の役割・責任の変化について、法律上および社会の変化の観点から考察し、市場経済との関係でどのように捉えるべきかを見てみよう。

消費者の役割・責任の変化

消費者の役割については、法律上は消費者保護基本法（1968年）、消費者基本法（2004年）、そして消費者教育推進法（2012年）のなかで示されている。

（1）消費者保護基本法（1968年）における「消費者の役割」

1968年成立の消費者保護基本法には、消費者の役割を「消費者は、経済社会の発展に即応して、みずからすすんで消費生活に関する必要な知識を修得するとともに、自主的かつ合理的に行動するように努めることによって、消費生活の安定及び向上に積極的な役割を果たすものとする。」（同法

第1章　消費者の選択と市場経済

第5条）と定めている。

　消費者保護基本法制定前の昭和38（1963）年の「国民生活向上対策審議会」の『消費者保護に関する答申』においては、消費者の権利と消費者保護には触れているが、消費者の役割には言及していない*3。しかし、同法制定の審議過程においては、経済発展における消費者保護の必要性を強調すると同時に、「一般消費者の自覚および自主的な活動を助長し」、「政府は、消費者が賢明に選択できる条件を整備する。消費者がみずからの生活向上と経済全体の効率化を促進するために、きびしい選択に消費者自身が努力をする。こういうところに問題解決のかぎがあると考える。」（山田壽一，2008:166-167）*4とあるように消費者の役割らしきものに言及している。

　このような背景を経て、消費者保護基本法には消費者の役割が明記されることになったが、市場の実態を踏まえた消費者保護と併せて経済の効率化のための消費者の努力を期待するという現実的な問題解決が背景にあったものと考える。

（2）消費者基本法（2004年）における「消費者の役割」
　現在の消費者基本法における「消費者の役割」（同法第7条第1項）は、「消費者は、自ら進んで、その消費生活に関して、必要な知識を修得し、及び必要な情報を収集する等自主的かつ合理的に行動するよう努めなければならない」とし、同第2項において「消費者は、消費生活に関し、環境の保全及び知的財産権等の適正な保護に配慮するよう努めなければならない」と定めている。

　鈴木（2010:25）は、同法の消費者の役割について、消費者の「経済システムを適切に機能させる責任」として、次のように述べる。

　　　自由主義経済では、消費者は、真に自由な判断で選択すれば消費者が真に欲する商品・サービスが市場に残り、……消費者が欲しない商品・サービスは市場から消えるのであるから、消費者は真の自由な判断・選択をする責任を負っている。したがって、消費者は、衝動的に購入するのではなく、今の選択が、将来、どんな形で販売・供給されるか、などを決めることにつながることを自覚して、行動することが

期待されている。消費者基本法でも、この意味での消費者責任を果たすことを求めて、「消費者は、自ら進んで、……自主的かつ合理的に行動するように努めなければならない（7条1項）としている。

　しかし、先に述べたように市場経済自体は本来消費者にこのような役割を当然としているとはいえないが、消費者保護基本法に消費者の役割を明記することによって市場経済の機能を強化しようとし、消費者基本法ではさらにそれを進めて、環境や知的財産権への配慮なども含めて、消費者の役割を強化して市場経済の機能を強化しようとしたものということになる。さらに、「1980年代以降、行政改革の一環として政府規制の本格化し、さらに1989年から始まった日米構造問題協議における日本市場の開放と厳格な競争政策の推進の要請を受けて、……公的規制の見直しが推進された。」（岩本, 2013：30）。この規制改革は「消費者の自己責任を前提とする市場経済システムに移行する大きな機会となった」（岩本, 2013：30）。「規制下で保護されてきた消費者も市場参加者の一員となってきているので、消費者も責任を担う状況になってきていることを自覚する必要がある」（朝岡, 2012:4）といわれるようになる*5。そして消費者の役割についての消費者基本法の内容に対しては、「市場の参加者としての役割としては不十分であり、「『賢い消費者』になるという範疇を脱してはいない」（朝岡, 2012:267）という指摘もなされている。

（3）消費者教育推進法（2012年）における「消費者の役割」
　その後、2012年になって消費者教育推進法が成立し、消費者教育の定義のなかで実質的に消費者の役割が変更されることになる。同法は、消費者教育の定義を「消費者の自立を支援するために行われる消費生活に関する教育（消費者が主体的に消費者市民社会の形成に参画することの重要性について理解及び関心を深めるための教育を含む。）及びこれに準ずる啓発活動をいう。」（同法第2条第1項）としている。そしてこの消費者市民社会の定義は同法同条第2項で「消費者が、個々の消費者の特性及び消費生活の多様性を相互に尊重しつつ、自らの消費生活に関する行動が現在及び将来の世代にわたって内外の社会経済情勢及び地球環境に影響を及ぼし得るものであることを自覚して、公正かつ持続可能な社会の形成に積極的に参画する

社会をいう」としており、消費者の役割が実質拡大されていることがわかる。

社会の変化による消費者の役割・責任の変化と市場経済

このような法律における消費者の役割の変化はそこに社会の変化があるからである。消費者保護基本法では消費者保護として「自己」の利益に関わるものとしての役割、消費者基本法ではこれを基本としながらも環境や知的財産権への配慮を加え、さらに消費者教育推進法では、他者、社会経済情勢、地球環境など公正で持続可能な社会への積極的参画にまで広げていることになる。消費者の行動の際の考慮の対象を拡大しているのである。

これを市場経済との関係で見ると、消費者保護基本法では市場の参加者というよりも市場から影響を受ける存在ではあっても、一定の役割を果たすことで「自己」の利益を守ることが経済発展に必要との認識がある。消費者基本法では規制緩和による市場経済の積極的活用を図るにあたっては、市場の参加者として自立した消費者を位置付けたことになる。さらに、消費者教育推進法では、持続可能な社会の構築という流れのなかで消費者は消費者市民社会の形成に参画するという市場の当事者にとどまらず市場を持続可能なものに変えていくものとして位置づけられていることになる。

我々の社会は市場経済を基本としながらも消費者の役割や位置付けを変えていくことによって市場経済の機能を強化し、さらには持続可能な市場経済への変化のなかで「消費者の役割」を拡大させているといえるだろう。

CIの「消費者の5つの責任」をどう見るか

CIは1980年代に消費者の5つの責任（Consumer Responsibilities）を提唱した（表2）。これについては、消費者が現代における市場の参加者としての積極的な役割を認めるものとして評価するものがある。「たとえば、①は企業あるいは政府の行動を監視することであり、②と⑤は個人として消費者の発言力には限界があるため、連帯することによってその発言力を高めなければならないことである。③と④は『消費者』としてより、現代社会ではその構成員として求められている事柄であり、ある意味消費者以上のことを消費者の『責任』としているのである。」（朝岡, 2012: 267）。

しかし、この「消費者の責任」は、「消費者の自由との関係で認識され

る責任概念とは異質のもの」を「責任」という用語に換言しているものとして、消費者が「自らが消費者としての権利の主体であることを、自らの生活と消費活動が他者との共存において成り立っていることを『自覚』することを内容とするものである。」とし、CI の５つの責任は、権利の主体性と他者や多様性について自覚し、行動する消費者＝市民の自律的な「役割」を述べたものである（岩本, 2013:149)、「消費者の権利の実現と表裏一体としての『責任』であって、消費者市民社会の実現のために必要な消費者の態度で……消費者の権利を制限しようとするいわゆる『自己責任』とは全く無関係なもの」（日本弁護士連合会, 2016: 58）である。

表２ CIの「消費者の責任」

①批判的意識を持つ責任（Critical awareness）
②主張し行動する責任（Involvement or action ）
③社会的弱者への配慮責任（Social responsibility）
④環境への配慮責任（Ecological responsibility）
⑤連帯する責任（Solidarity）

出所：CI,Consumer Responsibilities.および消費者庁2012: 4をもとに筆者作成。

「消費者の責任」を用いる場合の注意

「消費者の責任」の内容や位置付けについてはさまざまな見解があり、関係者に共有されているとはいいがたい。そのような中で認識不足や誤解もみられ、ときに消費者に過剰な自己責任を要求する例もあることに注意が必要である。消費者の権利がなぜ認められたのかの背景を理解しないまま、安易に権利があるのだから反面として「責任」があるという意見には注意が必要だろう。これについては再度「第６章 消費者を支援する消費者教育」等で問題点を考察していく。

岩本は、「日本において、学校教育、自治体、消費者運動など様々な場面でこれらの５つの責任が定説的に用いられている」ことについて注意が必要だと警鐘を鳴らしている[*6]。そもそもこの「責任」の意味と性格について、また消費者の「権利と責任」という並列表記の根拠などについての基本的認識が十分に共有されているとはいいがたい。」（岩本, 2013:147）からである。

第1章　消費者の選択と市場経済

　岩本はさらに、「責任(responsibility)」は「自由」な行為（不作為の行為を含む）に伴って発生するものであり、自由な意思に基づく行為や結果に対する「応答(response)」を求められるというのが一般的な責任の考え方であるとして、権利(right)の対義語ではない（一般に、権利の対義語は義務(duty)であるとされる）(岩本, 2013:147)＊7にもかかわらず対義語かのような使われ方が見られるとして、「消費者が権利主体であることと、なんらかの責任を負う主体であることは、別個の価値であり、したがって、「消費者の権利と責任」を説明する場合（「消費者は権利の主体であるとともに責任の主体である」と説明する際には）、説明者はその関係性を明らかにする必要があろう。」(岩本, 2013:148)と指摘する。本書においても消費者の権利が認められた背景を本章の第2節で述べている。

註
＊1　CI, *Consumer Rights*.
　　http://www.consumersinternational.org/who-we-are/consumer-rights/(2016.11.20)。
＊2　ここでは8つの権利としているが、消費者庁の各種資料では最初の2つを前提に6つの権利があると説明されることが多い。これは消費者基本法の規定の解釈によるものであり、消費者庁も最初の2つの内容を否定しているわけではない（消費者庁, 2014b:7）。
＊3　経済企画庁国民生活向上対策審議会, 1987:3-17。
＊4　国会会議録検索システム,『第57回　衆議院　物価問題等に関する特別委員会消費者問題に関する小委員会議事録第1号』：　1-5。　http://kokkai.ndl.go.jp/SENTAKU/syugiin/057/0460/05712150460001.pdf(2016.12.12)。
＊5　「規制改革（規制緩和推進計画を閣議決定、95年）、司法制度改革、行政改革（00年）が消費者行政に及ぶにいたり、消費者政策の目的が『消費者保護』から『主体的に行動する消費者』や『自立した消費者』の育成・支援と転換され、『自己責任』の時代に入るとするいくつかの報告書を公表」し、「02年から開始した『21世紀型の消費者政策の在り方について』の検討はこの方向を具体的な法制度の設計に移すためのプログラムの開始を意味した」とされる（西村多嘉子, 2005:12）。
＊6　「学習指導要領、教科書などで取り上げられている『消費者の責任』については、……責任とは何かについての基本的な考え方がまずもって明らかにされる必要があり、「消費者の権利」と説明との区別が求められる。」「『消費者の責任』を考える際には、日本の歴史、慣習、国民意識を踏まえ、現在の経済社会

における消費者の消費生活の状況、消費者と事業者、消費者と国家の関係性の把握をとおして、『消費者の責任』という考え方が必要であるかどうかの検証を行う作業が、先行しなければならない。」(岩本, 2013:149)。

＊7「消費者は事業者から商品を購入する場合に、消費者は売主である事業者に対価を支払う義務があり、事業者は買主である消費者に商品を引き渡す義務を負う（岩本, 2013:147)。

第2章
市場経済における消費者と消費者問題

1．市場経済における消費者

　本節では、市場のなかで影響を受け、影響を及ぼすとされる「消費者」自体を定義したうえで、市場経済における消費者主権とその実態について考察する。

消費者とは
　広辞苑によれば、「消費者」とは「商品・サービスを消費する人」とされ、「事業者」とは「事業を行うもの」とされるが[*1]、いくつかの消費者関連法においては、消費者の定義について、事業者とあわせて定義している。消費者は単独では存在しえず、企業の提供する商品・サービスを通して存在するものだからである。たとえば、消費者安全法は、「消費者」を「個人（商業、工業、金融業その他の事業を行う場合におけるものを除く。）をいう」とし、「事業者」とは、「商業、工業、金融業その他の事業を行う者（個人にあっては、当該事業を行う場合におけるものに限る。）をいう」としている（同法第2条）。また消費者契約法（平成12年法律第60号）においては、「消費者」は個人、「事業者」については、「事業を行う法人もしくは個人である」としている（同法第2条）。
　また「消費者」や「企業」を両者の間に存在する消費者問題と関連づけて見ていくと、現在の「消費者」と「企業」の関係は「購入」・「販売」という限定された時点だけで問題になるのではない。「消費者」にとっては商品・サービスを購入する場面のみならず、購入、使用・消費・廃棄などの各プロセスにおいて、「企業」にとっては消費者に商品・サービスを提供する場面のみならず、原料調達から生産・製造、さらには販売や輸入などの各プロセスにおいて両者は関わっている。そこで消費者問題や消費政策の問題点を明らかにするにあたっては、「消費者」と「企業」をこれら

のプロセスとの関係で捉える必要がある。

以上から、「消費者」は「個人であり、商品やサービスについて、情報収集・購入・使用・消費・廃棄等のプロセスに関わる主体」、「企業」は、「原料調達・生産・製造・販売・輸入等のプロセスを通して、消費者に商品やサービスを提供する事業主体」とする。

市場経済における消費者

我が国を初めとする多くの国の経済システムは市場経済であり、消費者が選択することによって当該商品が市場に残り、消費者が選択しないことによって当該商品は市場から消えていくという消費者主権にもとづく経済システムを取っている。しかし、消費者は一見自由意思による選択をしているかに見えるが、消費者が意識しているかどうかに関わらず、必ずしも自由な選択とは言えない実態がある。

消費者は「現実には不完全競争市場の存在や、市場の失敗、不確実性の存在、情報の非対称性など市場機能が働かないケース、いわば『市場の限界』が存在し、しかもこのようなケースでは消費者は不利な立場にあることが多い」(関川, 2012:61) こと、また企業によって消費者の「商品知識の不足や虚栄心、射幸心などの弱点までもが利用されて、不当な誘引行為による種々の問題が引き起こされ」る(大久保, 2002:103) など、消費者の選択は大きな制限のもとにある。このように市場経済には消費者に不利益を発生させる構造的要因がある。「消費社会にとっての深刻なジレンマは、市場が開拓され、消費社会が豊かになればなるほど、『生産』と『消費』が乖離し」(境井, 2003:12)、消費者問題が大きくなることにあるといわれている。

2.「消費者問題」の社会問題化

消費者は市場からさまざまな影響を受ける

産業革命以降、経済社会の発展につれて生産と消費が分離し、やがて企業は不特定多数の消費者を対象に商品を大量生産し、消費者はもっぱら市場を介して自らの生活のために商品を購入するようになったことから、両者の取引上の不平等性は際立ち、消費者の不利益が発生した(中村年春,

2005:43)。消費者問題については、「最終消費者として購入した商品・サービスから及びその取引をめぐって生ずる消費者の被害または不利益の問題」(小木, 1998:23) と定義され、「資本主義経済システム下の市場における売手と買い手のアンバランスな力関係の修正問題」(小木, 1998:23-25) とされる。また消費者問題は「きわめて複雑多岐な大量生産と大量販売の経済組織を通して発生するから、しばしば構造的な問題」(多田, 2002:11-12)、あるいは「消費者問題は消費者の特性の故に生起する問題であるといえ、消費者の抱えている性質や特質をそのまま反映する社会問題である」(齋藤, 2013:13)。

このように消費者問題は社会問題となった結果、消費者政策が必要とされてきたのである。2004年消費者基本法成立以降は、消費者の権利や自立の支援の理念を「消費社会のルールの基礎とすることで、市場での消費者の力と事業者の力との格差を是正する制度」(御船, 2006:22) とされている。

次の図 (図4) は消費者問題の発生と政策との関係をイメージで示したものである。

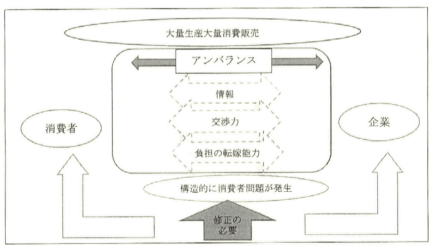

図4 消費者問題の発生と政策　出所:筆者作成。

消費者問題の分類

消費者問題にはどのようなものがあるだろうか。論者によりさまざまな

分類が行われており、小木は消費者問題を「安全性、健康、生命に関わる問題」、「取引や契約に関わる問題」、「価格や品質に関わる問題」、「広告や宣伝に関わる問題」、「表示に関わる問題」、「消費者信用に関わる問題」、「その他」（小木, 1998:23）とし、安田は、現代の消費者問題として「サービス化の進展による消費者問題」、「事業者（企業）の行動による消費者問題」、「消費者の安全問題」、「規制改革の推進による消費者問題」、「環境問題」、「高度情報通信化による消費者問題」、「消費者法の整備に関わる消費者問題」の7項目を挙げる（安田, 2006:39-51）。ほかの分類として、多田は、消費者問題を「生産システムと流通機構をめぐる諸問題」、「生活用品の基準・規格と表示に関する諸問題」、「生活用品の取引と代金決済方法をめぐる諸問題」、「生活用品の取引媒体をめぐる諸問題」、「消費者被害の救済と消費者意向の表明をめぐる諸問題」としている（多田ほか, 2002:11-21）。

　消費者問題を同じ消費者の被害や不利益という定義を出発点としながらも具体的な消費者問題の分類は異なっている。

　小木（表3）、安田（表4）および多田（表5）の分類をそれぞれ比較してみよう。

　これらの消費者問題の分類の基準はどのようなものなのであろうか。分類の基準は論者さまざまであるが、小木（1993）は、守られる利益の観点から、安田（2006）は消費者問題の背景や要因の観点から、多田（2002）は市場における商品・サービスのプロセスの観点から、消費者問題を分類している。どの分類もそれぞれメリット・デメリットが存在するが、上記

表3　小木による分類

＜守られる利益から見た消費者問題＞
■安全性、健康、生命に関わる問題
■取引や契約に関わる問題
■価格や品質に関わる問題
■広告や宣伝に関わる問題
■表示に関わる問題
■消費者信用に関わる問題
■その他

出所：小木1998: 23をもとに筆者作成。

第2章　市場経済における消費者と消費者問題

表4　安田による分類

＜消費者問題の背景や要因の観点から見た消費者問題＞
■サービス化の進展による消費者問題
■事業者（企業）の行動による消費者問題
■消費者の安全問題
■規制改革の推進による消費者問題
■環境問題
■高度情報通信化による消費者問題
■消費者法の整備に関わる消費者問題

出所: 安田,2006: 39-51をもとに筆者作成。

表5　多田による分類

＜市場における商品サービスのプロセスから見た消費者問題＞
■生産システムと流通機構をめぐる諸問題
■生活用品の基準・規格と表示に関する諸問題
■生活用品の取引と代金決済方法をめぐる諸問題
■生活用品の取引媒体をめぐる諸問題
■消費者被害の救済と消費者意向の表明をめぐる諸問題

出所:多田ほか,2012: 11-21をもとに筆者作成。

の「消費者問題」の定義から説明できないものものとして「環境問題」がある。環境問題は時代の進展につれて認識された問題であり、今日「消費者問題」の範囲に加えることは共通認識になっている。安田はこの「環境問題」について、消費者の環境意識の高まりやその役割に言及しており（安田，2006:46）、そこでは従来の消費者問題の定義を超えて商品・サービスに直接関わらない問題も含めて捉えていることになる。また、これらの先行研究で特に項目として挙げられていないが今日重要な消費者問題とされるものに「個人情報」*2がある。

　消費者問題は市場の実態の中で発生することから、そのときの背景となる経済、社会、環境、あるいは地域などによって変わってくる。特に、現在の世代の生産や消費に関する行動は、次の世代の多くの人びとに影響を与え（原，2003:12,18）、「国連や国家による計画の施策に期待するのみでは、

持続可能な地球環境を次の世代へ伝えていくことは不可能であるとして、生産と消費のあり方を生活者の立場からどのように変革していくかが課題」(原, 2003:18; 長谷川, 2001)とされるようになり、持続可能な社会の形成の観点からの消費者問題がクローズアップされるようになっている。同じ「環境問題」を扱っても環境の悪化が行政や企業の行動だけではなく、消費者の行動も関わるとされるようになり、それが「持続可能な消費」として注目されるようになっているのである。

消費者問題の定義の見直し

これまでの考察から、「消費者問題」について、従来の「消費者が商品・サービスから受ける被害・不利益」とすることでは狭く、「消費社会を取り巻く社会・経済・環境に関わる問題」と広く捉えるべきと考える。

これらの消費者問題を企業・消費者双方のプロセスを各接点に沿ってどのような消費者問題があるかをイメージで示したのが次の図である（図5）。

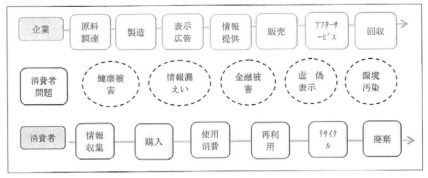

図5 消費者と企業の接点における消費者問題の発生（イメージ）　出所：筆者作成。

3．消費者問題の現状

企業と消費者との間で発生する消費者問題の全体像を把握するために、全国の地方自治体の消費生活センター*3に寄せられた消費生活相談の件数の推移および消費者問題の被害額からその特徴を見て見よう。

第2章　市場経済における消費者と消費者問題

消費生活相談の件数は92.7万件（2015年度）

全国の消費生活センター等が受け付け、PIO-NET*4 に登録された消費生活相談件数は、2004年度の192.0万件をピークに減少傾向にあったが、2013年度は92.6万件と、2012年度の84.8万件から増加に転じ、2014年には94.6万件となった。2015年度は前年度よりやや減少したものの、2013年度を上回る92.7万件の相談が寄せられており、この数年では依然として相談件数は高水準となっている（消費者庁,2016a:111-112）。

次の図は1984年から2015年までの相談件数の推移である（図6）。

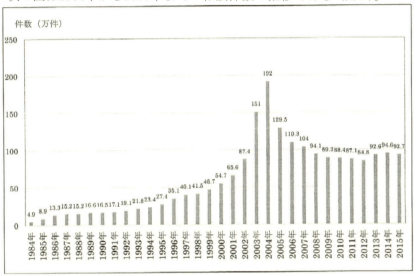

図6 消費生活相談の年度別総件数の推移
（注1）消費生活相談の年度別総件数の推移を示したもの。
（注2）この相談件数はPIO-NETにより収集されたもの。
（注3）国民生活センターでは「架空請求」*5については2000年以降から集計を初めており、総件数に「架空請求」も含めるようになった。なお、「架空請求」は2004年の67.6万件でピークとなっており、その後減少に転じている。
出所：消費者庁, 2016a:111-112をもとに筆者作成。

「安全」「価格」「広告」「販売方法」「契約」など多様な相談

消費生活相談の具体的な内訳を見ていくと次のとおりである（表6）。最近の傾向として最も多いものは「契約・解除」、つづけて「販売方法」となっている。

表6　消費生活センターへの相談

	2011年度	2012年度	2013年度	2014年度	2015年度
安全・衛生	33,266	28,750	36,139	31,252	28,710
品質・機能等	124,645	117,727	129,187	119,228	109,082
法規・基準	34,545	32,626	35,367	35,996	26,574
価格・料金	161,560	147,287	154,474	161,098	145,327
計量・量目	1,337	1,392	1,540	1,455	1,065
表示・広告	50,409	49,379	57,008	57,911	53,250
販売方法	394,942	400,240	463,980	489,456	459,687
契約・解約	610,617	597,703	652,152	686,696	644,981
接客対応	125,202	128,019	139,822	142,476	124,264
包装・容器	869	880	1,102	1,145	795
施設・設置	1,953	1,794	1,970	1,814	1,450

出所：消費者庁,2016a: 291にもとづき筆者作成。

消費者被害額は年間約6.1兆円（2015年度）

消費者問題の実態を消費者被害額の観点で見てみよう。消費者庁は、消費者政策の分析に活用するため、2013年度に初めて消費者被害に関連する数値指標の整備を行い、2013年度1年間の消費者被害の経済的損失の推計を公表した。推計された消費者被害・トラブル額は約6.0兆円[*6]であり、それは国内総生産（GDP）の約1.2％、家計支出の約2.1％に相当する規模であるとした。実に、国民の13人に1人が1年間に何らかの消費者被害に遭っていることになり、平均被害・トラブル額（既支払額(信用供与含む)）は約59万円、国民一人当たりで約4.7万円という深刻なものとなっていることが報告されている（消費者庁，2014a:151)[*7]。なお、2014年度は約6.7兆円、2015年度は約6.1兆円の被害額であった。

次の図は、消費者被害額を上記の観点に従って示したものである（図7）。

第2章 市場経済における消費者と消費者問題

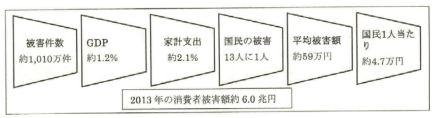

図7 消費者被害額　出所:消費者庁2014a: 151をもとに筆者作成。

4．消費者問題「安全の問題」

消費者問題の実態をみるために、具体的な問題を取り上げてみよう。
まず「安全の問題」を取り上げる。
「生命・健康の維持は生物としての人間の本能の欲求であり、安全な生活は消費者にとって最低限度の必要要件である。人間が構成する社会では、他人の生命・健康を侵害しないというのが基本的なルールである」(鈴木，2010: 78)。したがって「消費者の安全確保」は消費者の権利の一つ（消費者基本法第2条）とされ、事業者の責務（同法第5条第1項）の内容にも含まれている。

過去も現在も多数かつ多様な「安全の問題」が発生しているが、「安全の問題」は具体的に何が問題となって起きているのだろうか。最新の「平成28年版消費者白書」から、「安全の問題」に関わる相談件数、事故の通知報告、つぎに過去消費者団体が取り上げた事例、そして消費者庁から提供されている消費者への注意喚起情報の実態を題材にして、その「問題点」を見ることにする。

相談件数および消費者安全法にもとづき消費者庁に通知された事故

PIO-NETに収集された安全に関する相談件数は、2015年度は28,710件で、全体の3.2%を占めている（表3）。また、消費者安全法の規定にもとづき2015年度に 消費者庁に通知された事故等*8のうち 生命身体事故等は2,897件あり、このうち、重大事故等は1,304 件である。
2015年度の重大事故等を事故内容別に見ると、「火災」の件数が1,056件

（図8）と最も多く、自動車等の車両・乗り物と電子レンジ、エアコン等の家電製品に関するもので約8割を占めている。ほかにも消費生活用製品安全法（昭和48年6月6日法律第31号）にもとづいて消費者庁に報告された事故*9やPIO-NETに収集された「危害・危険情報」*10もある。

図8 消費者安全法の規定に基づき、消費者庁に報告された重大事故の件数
出所：消費者白書2016a: 137をもとに筆者作成。

過去、消費者団体が取り上げた「安全の問題」

消費者団体は過去から現在に至るまで消費者の被害や不利益などに関わる「安全の問題」に対して、その都度さまざまな問題提起を行っている。消費者団体の問題提起内容を見ることで、"何が問題なのか"を知ることができるだろう。

ここでは全国消費者団体連絡会がPLオンブズ会議*11とともに問題提起した事例を2つ取り上げ、それぞれ「問題の所在」と「主な意見」を記述する。

①2014年　パロマ社製ガス湯沸器事故に関する消費者安全調査委員会*12の評価への意見

2014年2月24日に、全国消費者団体連絡会はPLオンブズ会議と連名で、

第2章　市場経済における消費者と消費者問題

2005年11月に発生したパロマ社製ガス湯沸器事故に関する消費者安全調査委員会の評価書に関する意見を提出している。そこでは同調査委員会が事故の経過やその後の法制度の改善を整理し、広い視点からの事故原因を解析したことを評価しながらも、次のような問題提起をしている*13。
＜問題の所在＞
　事故を起こす可能性の高い製品が回収されることなく市場に放置され、事故を起こしている現状が問題であるとしている。
＜主な意見＞
　リコール製品の回収が進まない原因を洗い出し、関係方面に取るべき対策を提言すべきである。

　②2015年　「製品安全の"今"を探る〜自転車〜」の学習会の開催
　2015年には自転車の学習会を開催しており、そこでは自転車の事故と安全に関して次のような問題提起をしている*14。
＜問題の所在＞
　自転車の製品事故が多発しており、安全基準が整備されていない。
＜主な意見＞
　国は安全基準を定めるべき時期に来ている。なお、海外では国が安全基準を設けているところもあり、たとえばアメリカ、イギリス、フランスでは、強制力のある基準を設けて、適合していない商品の販売を禁止している。また、検査機関が行う検査で一定の基準を満していないことがわかると、ホームページ上にその製品と会社の名前が公表される仕組みになっている。

消費者に注意喚起を行った事案
　商品・サービスについては欠陥商品や不良品ではなくても、消費者の使い方によっては消費者の生命・身体等に被害や不利益を及ぼすことがある（鈴木, 2010:78-79）。そこで消費者庁や国民生活センターは相談や調査をもとに、消費者に向けて適宜注意喚起を行っている。
　事例として、新しい商品に関わる世界的に発生している「洗濯用パック型液体洗剤」の事故、消費者への注意喚起とともに企業や行政にも要望を行った事例として「ガラス繊維強化プラスチックによるけが」、リコール

商品に関わる事例として「高齢者・介護用品で重大事故の発生のおそれ」について取り上げ、それぞれ「問題の所在」と「主な注意内容」等を記述する。

① 「洗濯用パック型液体洗剤に気を付けて！—特に３歳以下の乳幼児に事故が集中しています—」
（消費者庁, 国民生活センター 2015年3月18日公表）*15

消費者庁および国民生活センターによると、この注意喚起は、OECD、欧州委員会及び21の国が連携して取り組む「洗濯洗剤カプセル／パケットに関する国際啓発キャンペーン（2015年 3月16日～23日）」の一環として実施している。そこでの内容は次のとおりである。

＜問題の所在＞
洗濯用パック型液体洗剤は、新たな形の洗濯用洗剤として、近年、日本でも製造販売が行われており、計量の必要がなく簡便という利点があるものの、フィルムが破れ、洗剤が口や目に入る等の事故情報が消費者庁に寄せられている。フィルムは水に溶けやすいため、子供が握ったり噛んだり遊んでいるうちに、破れてしまうケースが多く、特に３歳以下の乳幼児に被害が集中している。

世界では、洗濯用パック型液体洗剤に関する事故が年間16,000件以上報告されており、国際社会全体で洗濯用パック型液体洗剤の安全な使用と保管について啓発を行っている。

＜主な注意内容＞
消費者に対する注意喚起としては、「乳幼児の手の届かないところで保管するよう注意して使用する」ようにというものである。

なお、この事例は消費者への注意喚起のみになっているが、世界的な事故件数の多さを考慮すると、問題は消費者の使い方のみにあるのではなく、企業の製品のコンセプトや設計に関わる問題や安全に関わる基準の在り方の問題の可能性も考えられ、企業や監督官庁にも提言をする必要性もあったのではないだろうか。

第2章　市場経済における消費者と消費者問題

② 「ガラス繊維強化プラスチックによるけがに注意！－傘の骨やテントの支柱、園芸用ポールなどに使われています－」
（国民生活センター　2015年3月19日公表）＊16

＜問題の所在＞
　国民生活センターによると、2009年4月以降の5年間余りにガラス繊維強化プラスチックを用いた商品に関する危害・危険情報が32件寄せられており、ガラス繊維強化プラスチックを使った傘とテントについて、3件のテスト依頼を受けてテストを実施している。その結果、いずれも、商品の一部に使用されていたガラス繊維強化プラスチックの表面からガラス繊維が飛び出し、それを触って、けがをしたというものであったとしている。

＜主な注意内容＞
　国民生活センターでは、消費者に対して次のような注意喚起を行っている。
　　1）新品時から、あるいは折り曲げたりしたガラス繊維強化プラスチックは、表面からガラス繊維の先端が露出していることがあります。素手で触らないなど取扱いには注意しましょう
　　2）ガラス繊維が皮膚に刺さって痛みが続く場合は、医師の診察・処置を受けましょう

＜その他＞
　本事例においては消費者に対する注意喚起のみならず、業界・企業および行政に対する要望を行っている。
　業界・企業に対する要望は次のとおりである。
　　1）商品に使用されているガラス繊維強化プラスチックからガラス繊維が飛び出してこないような改善、もしくは別の部材に置き換える等の改善を要望します
　　2）ガラス繊維強化プラスチックが使われる商品には、材質と注意表示を徹底するよう要望します

　そして、行政に対する要望は次のとおりである。

　　1）ガラス繊維強化プラスチックが使われている洋傘について、材質の表示と注意表示を義務化するよう検討を要望します

2）玩具や家庭用品に使われるガラス繊維強化プラスチックについては、使用の制限や部材の改善、材質表示と注意表示の推進を業界に指導するよう要望します

③「高齢者・介護用品で重大事故発生のおそれ！―回収・修理や注意の呼び掛けに対応してください―」
（消費者庁 2014年9月10日公表）（消費者庁，2014d）
＜問題の所在＞
　高齢者が使用することが多い製品や介護用品についても、回収や修理等が必要な製品をそのまま使い続けることで重大な事故を引き起こすおそれがあり、大変危険なものがある。また、安全に使用するための注意が呼び掛けられている製品もある。
＜主な注意内容＞
　消費者庁では、現在、企業が回収中又は注意を呼び掛けている高齢者が使う製品等について、危険性や注意事項、対応方法をまとめ、身の回りにこうした製品がないか再度確認し、回収、修理等の対象製品を持っている場合は、直ちに使用を中止し製造事業者等に連絡するように、次のように呼び掛けている。

　　　事故防止のための注意喚起文もよく御覧ください。特に、手すり等の「隙間」には、頭部や体の一部が挟まり、負傷や死亡する等思わぬ危険が潜んでいます。注意喚起に従い、隙間を埋める等の対策をとってください。高齢者の方の中には、安全な使用のための情報に気付きにくい、自身での対処が難しい場合もありますので、周囲の方が気を配っていただくようお願いします。
　　　また、高齢者の事故の中には、操作ミスや設置、使用方法の誤りによるものも見受けられます。介護をされる方も含めて、改めて使用上の注意事項を確認し、適切な取扱いをするよう御留意ください。

　この事例についても消費者の企業の回収や注意事項に関する確認のみの問題ではなく、企業の回収の実態や行政の回収の制度の問題の可能性も考えられることから、企業や監督官庁への提言も併せて必要になったとも考えられる。

5．消費者問題「表示広告の問題」

　「安全の問題」のほかにも消費者問題として数多く発生するものに「表示や広告の問題」がある。「事業者が自己の供給する商品・サービスの内容や取引条件について行う情報提供行為は、表示または広告といわれる」が、商品・サービスはそれ自体で内容が識別できるもの以外はそれを補う情報が必要である。そして「商品・サービスの内容も、価格等の取引条件も、それを供給する事業者が決めている、ないしは最もよく知っているのであるから、その事業者が提供する情報は、消費者が入手できる情報の中心である。」（鈴木, 2010: 123）。
　このような背景をもとに、消費者には「選択の機会が確保される権利」や「必要な情報が提供される権利」が認められ（消費者基本法第2条）、企業には「消費者に対し必要な情報を明確かつ平易に提供すること」（同法第5条第1項）の責務が定められている。
　それでは「表示・広告の問題」は具体的に何が問題になって起きているのだろうか。「安全の問題」と同様に「平成28年版消費者白書」から「表示・広告」の相談件数、過去に消費者団体が取り上げた消費者問題、さらに「平成27年版白書」のトピックとして挙げられている例として「原産国表示」を含む食品の不当表示の消費者相談を題材にして消費者問題の実態を見ることにする。

表示・広告相談件数

　最新の「平成28年度版消費者白書」によると、表示・広告におけるPIO-NETで収集された相談件数は、53,250件、相談全体の6.0％を占める（表3）。
　表示に関わるものとして、2015年度には景表法に基づく消費者庁の措置命令のあったものは13件あり、それには「中古自動車の修復歴に関する不当表示やおとり広告」、「健康食品の痩身効果に関する不当表示」、「空気清浄機の空気清浄効果に関する不当表示」、「債務整理・過払い金返還請求に係る役務の料金値引き等期間に関する不当表示」などがある（消費者庁, 2016a:302）。

過去に消費者団体が取り上げた事例

過去に消費者団体が取り上げた著名な事例[17]として、1973年の「ジュース不当表示事件」[18]がある。当事者とした関わった主婦連では次のように説明している[19]。

＜問題の所在＞

公取委が認定した果実飲料などの公正競争規約に、無果汁飲料は「無果汁」表示をするよう要求したが公取委は聞き入れなかった。1971年4月、主婦連は不当景品類及び不当表示防止法にのっとり、「不服申し立て」に踏み切った。公取委の審決は、不服申立者である主婦連（団体）も奥むめお（個人）も「不服申し立ての資格なし」と門前払いだった。しかし、審決の5日後、公取委は「無果汁表示」を義務づけた。

＜主婦連の意見＞

主婦連は、主張は通ったものの、公取委が認定した公正競争規約が業者に有利で、消費者を欺く違法不当なものであっても、消費者個人や消費者団体は不服を申し立てられず、是正の手段はなく「お上」のすることに口出しするなということであるとし、その後、消費者の権利を無視し、納得できないとして訴訟をおこした。

しかし、東京高等裁判所（1974年4月）、最高裁判所（1978年3月）は公取委の審決を支持し、消費者個人や消費者団体に不服申したての資格なしと判決を下した。

食品不当表示に関する相談

2015年に公表された「平成27年版消費者白書」にはトピックスとして「原産国表示」の問題が取り上げられている。2005年度以降の原産国表示に関する消費生活相談は図9のとおりである。2007年度に消費者相談件数が突出しているが、この時期に、わかめやうなぎの蒲焼の産地偽装事件や中国冷凍ぎょうざ事件が発生していることが影響していると見られる。また、2013年度も例年に比べ、相談件数がやや増加しているが、このころ大手ホテルチェーンやレストラン、百貨店等においてメニュー表示と異なる食材が使われていた事例が次々と明らかになり社会問題となったことが背景にあるものと考えられる（消費者庁, 2014:22-23）。

なお、2007年の中国冷凍ぎょうざ事件は2009年の消費者庁創設の契機と

第 2 章　市場経済における消費者と消費者問題

なった事例であり（松本，2014: 4）、2013年のメニュー表示の偽装は消費者庁による景表法のガイドラインの策定*20や景表法の改正（2014年6月）につながった事例*21である。

図9　原産国表示に関する相談件数　　出所：消費者庁,2015a: 22をもとに筆者作成。

6．最近はどのような消費者問題があるか

　最近の消費者問題の事例として、「平成28年版消費者白書」（消費者庁，2016a:151-163）では、「情報通信に関連するトラブル」、「高齢者が巻き込まれる詐欺的なトラブル」、「その他のトラブル」の大きく3つのテーマに分類して掲載している。そのうち、「情報通信に関連するトラブル」の内容を取り上げる。次のようなものがある。

・携帯電話、特にスマートフォンの契約トラブルが増加
　携帯電話に関する消費生活相談は年々増加し、2015年度は携帯電話24,538件、スマートフォン12,253件であった。
　年齢別に見ると、2013年度には携帯電話の相談のうち、高齢者は12.3%だったが、2015年度は18.5%と、最近では高齢者における相談割合が大きくなっており、特に契約内容が難しいという相談内容が他の世代に比べ、

目立っている。
・スマートフォン利用でのインターネット関連のトラブルは増加傾向
　スマートフォンから「アダルト情報サイト」や「出会い系サイト」等のデジタルコンテンツを利用したなどの「スマートフォン関連サービス」についての相談が年々増加している（2015年度上半期48,345件、下半期42,548件）。また、高齢者についても2015年度は2014年度の２倍を超える相談が寄せられている。
・支払手段のキャッシュレス化が一層進み、プリペイドカードの悪用も
　商品購入・サービス利用において支払手段が多様化し、特に最近ではプリペイドカードや電子マネーを使う機会が増えている。それを悪用した手口に関する相談も2014年度に顕著となり、2015年度も引き続き見られる。
・SNSをきっかけにトラブルに巻き込まれることが増加
　SNS（ソーシャル・ネットワーキング・サービス）が何らか関連している消費生活相談は増加傾向にあり、2015年度も前年度の7,169件を上回って9,004件寄せられている。
・若者を中心に、アフィリエイトやドロップシッピング内職トラブルが目立つ
　自らのウェブサイトに商品や広告を掲載する、アフィリエイト*22やドロップシッピング*23内職に関する相談は、2009、2010年度に多く寄せられた後、一時減少したが、再び増加傾向の兆しが見えており、2015年度は1,521件相談が寄せられている。中でも30歳未満の若者の割合が増加している。
　若者の相談の主な事例は、「友人やSNSで知り合った人からアフィリエイトやドロップシッピング内職を紹介され、知り合いを勧誘して会員を増やせば収入が得られると説明された」といったもので、アフィリエイトという単語を用いたマルチ取引的な勧誘が見られることが最近の特徴である。
・インターネット接続回線トラブルも引き続き増加、光回線サービスの卸売開始の影響も
　インターネットを利用する世帯が増えており、それに伴い、プロバイダやインターネット回線の料金やサービスに関連する「インターネット接続回線」の相談は年々増加している（2015年度のインターネット接続回線の相談は41,975件、そのうち、光ファイバーに関する相談は29,349件）。中でも光ファイバーについての内容が目立っているのが最近の特徴である。そこには

第2章　市場経済における消費者と消費者問題

2015年2月1日から始まった光回線サービスの卸売の開始が影響している。

　相談の主な事例は、「現在契約している大手電話会社のサービス変更だと思って話を聞いたら、関係ない事業者との新たな契約になっていた」、「契約に必要な手続をした覚えがないのに、他の事業者への乗り換えが完了していた」、「安くなると言われて契約したのに、知らないオプションを契約させられて今より高くなった」等、勧誘時の説明が不十分と考えられる内容や、消費者が光回線サービスの卸売について十分な理解がないまま契約してトラブルになってしまったものなどが挙げられる。

　なお、総務省は、2015年12月に「光アクセス回線サービスの卸売を受けて提供するサービスに係る販売勧誘方法についての「株式会社Hi-Bit」に対する行政指導（警告）」＊24を行っている。

註
＊1 『広辞苑』第6版（2008）。
＊2 「2012年度に事業者が公表した個人情報の漏えい事案件数は319件であり、個人情報保護法施行後減少傾向」（消費者庁, 2014a:95）にあるなか、2014年6月、株式会社ベネッセコーポレーションが保有する顧客の個人情報が社外に不正に持ち出される事件が発生した。同社によると、売却された個人情報は約3,504万件分で、ベネッセのホームページによれば、実態件数を約2,895万件と推計し、現在、世界トップクラスのセキュリティ強化と経済産業省に対する改善報告書を提出したことを報告している。
http://www.benesse.co.jp//customer/bcinfo/02_1.html（2016.11.30）。
＊3 消費生活センターとは都道府県や市区町村に置かれている消費者の相談窓口で、消費者からの相談や苦情を受け付け、問題の解決などに当たっている（消費者庁, 2016a:5）。消費生活センターの設置については、消費者安全法第10条に定められている。
＊4 PIO-NET（=Practical Living Information Online Network System、パイオネット）とは、国民生活センターと消費生活センター等を結ぶ「全国消費生活情報ネットワーク・システム」のことである。http://www.kokusen.go.jp/pionet/（2016.12.13）。
＊5 「架空請求」とは、「はがきや電話、電子メールなどで、一方的に、消費者に身に覚えのない有料情報使用料の支払や、貸金の返済などを請求されるもの。『情報サイト利用料』『コンテンツ利用料』など詳細が不明な利用料名目での請求がみられる」。（消費者庁, 2014a:163）。

＊6 2014年度は約6.7兆円（消費者庁,2015a:126）。2015年度は6.1兆円（消費者庁, 2016a:135）。
＊7 「消費者被害・トラブル額は単純化すると『消費者被害等の総数 ×消費者被害等1件当たりの平均金額』で求めることができるため、まず全国の満15歳以上から無作為抽出して意識調査を行い消費者被害等の『発生確率』を求めた上で消費者被害等の総数を推計し、これに相談情報（PIO-NET情報）から計算される平均金額を乗じ、所要の補正を行って推計値を算出するという手法」を採っている（消費者庁, 2014a: 149）。

　なお、翌年の「2014年1年間の消費者被害・トラブル額は、約1,029万件の消費者被害・トラブルの件数（推計）」で、「約6.7兆円（6.2～7.2兆円・「既支払額（信用供与を含む。）ベース」）と推計」している（消費者庁, 2015a:126）。
＊8 消費者安全法第12条では行政機関の長、都道府県知事等に消費者事故等の発生に関する情報の通知を求めている。
＊9 半密閉式瞬間湯沸器や家庭用シュレッダーの事故を受け、2006（平成18）年に消費生活用製品安全法が改正され、消費生活用製品により、死亡事故、重傷病事故、後遺障害事故、一酸化炭素中毒事故や火災（「重大製品事故」）が発生した場合、事故製品の製造・輸入事業者は、国に対して事故発生を知った日から10日以内に国に報告することが義務づけられた（同法第35条）。また、販売・修理・設置工事事業者は、重大製品事故を知った時点で、直ちに製品の製造・輸入事業者へ報告する努力義務が定められた（同法第34条第2項）。このように事業者から重大事故情報が報告されると、国は重大な危害の発生及び拡大を防止するため必要があると認められるときは、製品の名称及び型式、事故の内容等を迅速に公表するものとされている（同法第36条）。
経済産業省,『製品安全ガイド』。
http://www.meti.go.jp/product_safety/producer/point/03-1.html(2016.12.12)。

　このような「重大製品事故報告・公表制度」によって、2015年度に報告された「重大製品事故」は885件、製品別には、「ガス機器・石油機器」に関する事案が207件、「電気製品」に関する事案が530件等となっている（消費者庁, 2016a:291）。
＊10 「危害・危険情報」とは、「商品・役務・設備に関連して、身体にけが、病気等の疾病（危害）を受けたという情報（「危害情報」）と、危害を受けたわけではないが、そのおそれがある情報（「危険情報」）をあわせたもの」である（国民生活センター, 2015: 1）。
＊11 1990年代前半に、PL法の制定を求めて、多くの消費者団体、弁護士、研究者など幅広い人々が参加して製造物責任法制定運動が進められた。1994年にPL

第 2 章　市場経済における消費者と消費者問題

　　法が実現した後には，「消費者のための製造物責任法の制定を求める全国連絡会
　　（PL法消費者全国連絡会）」として制定運動に参加した人々を中心に1988年「Ｐ
　　Ｌオンブズ会議」が結成された（小澤重久，2006:43-54）。
＊12　消費者安全調査委員会は2012（平成24）年10月1日に設置された。同委員会
　　は消費生活上の生命・身体被害に係る事故の原因を究明するための調査を行い，
　　被害の発生又は拡大の防止を図る機関である。http://www.caa.go.jp/csic/（2016.1
　　2.21）。
＊13　http://www.shodanren.gr.jp/database/278.htm（2016.12.15）。
＊14　全国消費者団体連絡会。http://www.shodanren.gr.jp/Annai/478.htm（2016.11.24）。
＊15　国民生活センター（2015），『洗濯用パック型液体洗剤に気を付けて！　－特
　　に3歳以下の乳幼児に事故が集中しています－』。
　　http://www.kokusen.go.jp/pdf/n-20150318_1_1.pdf（2016.11.24）。
＊16　国民生活センター（2015），『ガラス繊維強化プラスチックによるけがに注
　　意！－傘の骨やテントの支柱、園芸用ポールなどに使われています－』。
　　http://www.kokusen.go.jp/news/data/n-20150319_2.html（2016.11.25）。
＊17　ほかにも消費者団体が取り上げたものとして、カラーテレビ二重価格表示、
　　遺伝子組み換え食品の表示、メニュー表示偽装問題などの問題提起がある。
＊18　「昭和48年3月20日公正取引委員会告示第4号」によると、「無果汁の清涼飲
　　料水等についての表示」は、無果汁・無果肉又は果汁又は果肉の量が5％未満
　　の清涼飲料水、乳飲料、アイスクリームなどについて、「無果汁・無果肉」であ
　　ること若しくは果汁又は果肉の割合（％）を明瞭に記載しない場合、不当表示
　　となった。
　　昭和48年3月20日公正取引委員会告示第4号
　　http://www.caa.go.jp/representation/pdf/100121premiums_15.pdf#search='%E5%85%A
　　C%E6%AD%A3%E5%8F%96%E5%BC%95%E5%A7%94%E5%93%A1%E4%BC%9A%E5%91%8A%
　　E7%A4%BA%E7%AC%AC4%E5%8F%B7'（2016.12.30）。
＊19　主婦連、『主婦連のあゆみ』。http://shufuren.net/modules/tinyd4/index.php?id=
　　2#197411（2016.07.14）
＊20　消費者庁は2014年3月に『メニュー料理等の食品表示に係る景品表示法上の
　　考え方について』を公表している。http://www.caa.go.jp/representation/pdf/1403
　　28premiums_4.pdf（2016.11.20）。
＊21　『不当景品類及び不当表示防止法等の一部を改正する等の法律の概要』では
　　「食品表示等の不正事案の多発」として、「ホテルや百貨店、レストラン等にお
　　いて、メニュー表示と異なった食材を使用して料理を提供していた事案」を改
　　正の背景に挙げている。http://www.caa.go.jp/region/pdf/hutou_gaiyou.pdf（2016.1

1.20）。
＊22 アフィリエイトとは、一般的には提携先の商品広告を自分のウェブサイト上に掲載し、その広告をクリックした人が提携先から商品を購入する等した場合、一定額の報酬を得られるというもの（消費者庁, 2016a: 154）。
＊23 ドロップシッピングとは、一般的には自分のウェブサイト上に提携するメーカーや卸業者の商品を掲載し、商品の申込みがあった場合、自ら売主になって販売し、メーカーや卸業者から申込者へ商品を直送するというもの（消費者庁, 2016a:154）。
＊24 http://www.soumu.go.jp/menu_news/s-news/01kiban08_02000197.html（2016.12.20）

第3章
消費者問題の「問題点」と「発生要因」

1.「問題点」は6つに分けられる

これまでに見てきた消費者問題を整理すると、次の6つの「問題点」に整理できるのではないか。
　①市場における商品等に関わる「基準・ルール」が存在しない、あるいは不備がある（以下、「基準・ルールの問題」という）
　②消費者と企業の「情報格差」あるいは「情報の非対称性」の実態がある（以下、「情報格差の問題」という）
　③企業がルール等を遵守しないなどの問題行動がある（以下、「企業の行動の問題」という）
　④行政の対策の不備・遅延などの問題がある（以下、「行政の行動の問題」という）
　⑤消費者が適切な行動をとらないことがある（以下、「消費者の行動の問題」という）
　⑥消費者個人の被害や不利益等の発生の問題がある（以下、「被害・不利益の発生の問題」という）

それぞれ見ていこう。

①基準・ルールの問題
　消費者問題の一つに市場における商品・サービスやそれらの取引などの「基準・ルール」が存在しない、あるいは不備があることによって発生するものがある。
　企業は市場経済においては自由に商品等を提供することを原則とするが、消費者の基本的な安全や公正な取引を確保するためには、これらに関わる基準やルールなどが前提とされる必要がある。基準・ルールが整備される

ことによって消費者は安心して商品を購入したり使用したりすることができる。しかし、新しい商品やサービスなどは基準やルールが存在していないことも多く、現に過去の数多くの消費者問題は基準やルールが存在しないことによって発生してきたものも多い。たとえば、家庭用品品質表示法（昭和37年5月4日法律第104号）*1の背景として「当時は、表示に際しての具体的なルールが一般化されておらず、市場に不適正な品質表示の製品が横行し、消費者被害の発生する可能性が高い状況」があったとされている*2。ほかにも誇大広告の禁止などのルールが、通信販売（特定商取引法第12条）、貸金業（貸金業法第16条）、食品・添加物など（食品衛生法第20条）などに多数定められており、また景表法では優良誤認（同法第4条第1項第1号）や有利誤認（同法第4条第1項第2号）など消費者を誤認させる表示を禁止しているが、これらの背景にも誇大広告や問題ある表示による消費者被害の実態があったといわれている*3。

　前節で取り上げた輸入自転車の事例は、品質（安全）基準の設定の問題、玩具や家庭用品に使われるガラス繊維強化プラスチックの事例は、品質の問題のほかに材料の表示に関する基準のルールの問題が関わってくる。

　もちろん基準やルールは法律だけとは限らない。企業の自社の商品等の品質管理に関わる自主的な基準やルールの策定、あるいは事業者団体の基準・ルールも存在する。なかには行政が企業の自主基準を提案した例として、2002年に内閣府国民生活審議会消費者政策部会が策定した「消費者に信頼される事業者となるために－自主行動基準の指針－」*4や、前述の表示・広告の事例として取り上げた消費者庁によるメニュー料理等の食品表示に係る景表法のガイドラインがある*5。

　毎年数多くの法律が成立しているが、それらの背景には数多くの消費者問題の発生がある。

②情報格差の問題

　消費者と企業の間には情報の質及び量が異なることから消費者問題が発生することもある。このような情報格差あるいは情報の非対称性は、経済学では売り手と買い手の情報の非対称性によって市場に不良品ばかりが出回ってしまう事例として「レモン市場による逆選択」*6などが取り上げられることが多い。そこで消費者基本法や消費者契約法などの消費者関連法

第3章　消費者問題の「問題点」と「発生要因」

においては、その目的規定のなかで、消費者と企業に情報格差のあることを明記するものが現れている*7。

　情報格差を起因とする消費者問題は多数存在する。たとえば消費者は商品選択の際、「安全」に関する情報をもっていないことから、商品の安全性を見極めることがむずかしく、問題が発生して初めて気づくことも少なくない。前節で取り上げた「洗濯用パック型液体洗剤」の事例、製品のリコール情報を知らないまま火災が発生する事例として前節で取り上げた「高齢者・介護用品の重大事故」などは情報格差によって消費者の安全が確保されない事例といえる*8。

　「表示・広告の問題」の例では、2013年に企業不祥事として注目されたレストランのメニュー表示の偽装は消費者が原材料に関する専門情報を持っていないことを企業側が軽視あるいは悪用したともいえるものであり、やはり情報格差がもたらす消費者問題である。

　このように消費者と企業の情報格差の実態は消費者問題を引き起こす。消費者は情報格差によって、適切な商品・サービスあるいは企業の選択ができず、問題ある企業や問題ある商品等の淘汰はなされにくく、消費者は不利益や被害を受けてしまうことになりかねないのである。

　消費者における「情報取得の困難性がある場合には、生身の個別の消費者は市場での試行錯誤が不可能」になる結果、「製品に関する情報の開示、公開の義務付け、事故情報などの事業者にとって不利な情報を消費者が入手しうる制度が重要」になる（来生, 2011:237）。たとえば、消費者の情報入手の手助けの例として、宅地建物取引業者の重要事項説明義務（宅地建物取引業法第35条）や欧米などで実施されている消費者団体が消費者の商品選択時の判断材料となる商品テスト情報を提供する例などがある*9。ほかにも第三者機関の審査などによる品質保証などが解決策として考えられる。

　なお、この「②情報格差の問題」は「①基準・ルールの問題」とは密接な関係がある。消費者と企業の情報格差という実態の存在を放置し、市場に任せることで消費者問題が発生することから、その解決として、市場における情報開示などの基準・ルール等の整備が問題になることもあるからである。しかし、これらは「問題」の性質が異なることから分けて論じている。

③企業の行動の問題

　商品等の基準・ルールの設定や企業等による情報開示がなされればそれで問題がなくなるわけではない。企業が意図しているかどうかを関わらず、定められているルールを遵守しないこともある。「安全の問題」においては、法律で定めた安全基準を逸脱するケース、「表示・広告の問題」において、企業における広告や勧誘が「市場における欺瞞的説得」(Bush, 2009, 安藤・今井監訳, 2011) として、景表法の規制している「優良誤認」や「有利誤認」などの不当表示に該当することもある*10。

　また商品を市場に出した後に、商品の不具合等によってリコールが必要な事例に対し、リコールを実施しない、あるいはリコールの実施の遅延などによって消費者被害が拡大することもある。過去には自動車のリコール隠し（2000年）（消費者庁, 2014b:340）など企業の行動の問題も見られたところである。最近の企業がルール等を遵守しなかった事例として、ドイツのフォルクスワーゲン社の排ガス不正事件（2015年9月発覚）*11、「マンション杭うち不正使用事件」（2015年10月発覚）がある*12。

　これらの解決策としてはルール違反に対しての企業の速やかな是正が必要となる。企業の是正には企業の自主的な取組みから行政によるものなどさまざまなものが存在するが、これらが効果的になされないことで市場が機能しないことになり、消費者問題が発生することになる。

④行政の行動の問題

　行政には「市場の独占力を排除したり、規制を緩和・撤廃したりするなど、競争を促進するための措置を講じること」（嶋村, 2009:8-9）や、安全や表示・広告などの基準・ルールを設定すること、さらには基準等を遵守しない企業に対してその違反行為を是正することなどが期待される。しかし、行政がこれらの取組みを行わなかったり、遅れたりすることによって、消費者問題が発生し、被害が拡大していくこともある。

　過去、消費者問題の発生によってさまざまな法律などが整備されてきたが、これらは必ずしも速やかに実施されたわけではない。たとえば、2009年の「消費者庁発足のきっかけの1つは、2007年に相次いで報道された食品その他の偽装事件であった」（松本, 2014:4）。消費者行政一元化のための検討をしてきた「消費者行政推進会議」においても、「『消費者を主役とす

第3章　消費者問題の「問題点」と「発生要因」

る政府の舵取り役』としての消費者行政を一元化するための新組織の創設は、消費者の不安と不信を招いた個々の事件への政府全体の対応力の向上を目指す」（内閣府，2008b:1）と述べられているように、消費者庁発足の背景には安全問題への行政の対応の遅れがあったのである*13。

　また、2012年に消費者安全調査委員会が設置されているが、その背景として、消費者庁の設置以前より、消費者の生命や身体の被害に関する様々な事故が発生していたが、消費者庁設置時に施行された消費者安全法では、事故の原因を究明し、再発・拡大防止のための事故調査を行う仕組みは十分とは言えなかったとし、その後の検討を経て同委員会の設置に至った。そして同調査委員会は、生命・身体の被害に関する消費者事故等の中から、事故等の発生・拡大の防止及び被害の軽減を図るために原因を究明する必要がある事故を選定し、調査を行い、原因究明を行うことになったのである（消費者庁，2013a:153）。

　なお、この「④行政の行動の問題」は、前述の「①基準・ルールの問題」、「②企業の行動の問題」とも関係するが、①②とは「問題」の性質が異なることから別途取り上げるものである。

⑤消費者の行動の問題

　消費者の行動によって消費者問題が発生することもある。「安全の問題」を例にとれば、商品には一定のリスクがあり、それは通常商品のラベルや取扱説明書などに注意情報として記載されることになるが、消費者がそれを読まない、あるいはその指示に従わないことによってリスクが顕在化し、商品事故などが発生することもある*14。前節で取り上げた消費者への注意喚起事例の中には、企業の商品設計の問題、あるいは表示や啓発の問題だけではなく、消費者の使い方の問題も見られるところである。また商品等の不具合・欠陥によって被害を受けた消費者が苦情を申し出ないという非常に個人的に見える行動であっても、苦情を申し出ないことが社会全体の問題解決を遅らせて消費者被害の拡大につながることもある*15。

　さらに消費者が過度に商品の完全性を要求する結果、安全に関わらない表示や異物混入などの問題についてもリコールを要求し、商品廃棄などの環境負荷をもたらすという問題が発生することもある（古谷，2015b）。

　なお、安全に関して欧米では規格があるのに日本では規格が存在しな

い*16という問題について、その背景に安全に関する消費者の意識や行動の差異があることも指摘されるところである*17。

⑥被害・不利益の発生の問題

消費者問題のほとんどは消費者の生命・身体あるいは財産上の被害や不利益の問題を伴う。「安全の問題」を例にすると、基準・ルールがない、情報がない、企業の行動、ときには消費者や行政の行動などによっても、消費者の生命や健康の被害を伴う。これについては、市場全体としての問題解決も必要だが、個々の被害や不利益を受けた実態の回復が必要である*18。

過去、市場の健全化の問題と関連して消費者の不利益等の回復が問題となった事例がある。価格カルテル問題において、行政である公取委が企業の価格カルテル破棄を勧告した際に、主婦連等が企業に訴訟を起こした事例である。公取委の勧告によって市場の健全化が図られたとしても、それとは別に消費者には被害や不利益が発生していることから、主婦連等が1974年の石油会社による灯油の価格カルテルによる損害賠償請求を起こしたのである。当事者として関わった主婦連*19によると、その背景と結果を次のように述べている。なお、この訴訟は主婦連等の原告適格が問題になり、裁判は敗訴となっている。

> 1973年冬から灯油の品不足状況が深刻になった。石油元売り各社は中東戦争勃発による原油不足が原因としていたが、翌2月、公取委は石油会社が違法なカルテルを結んだとしてカルテル破棄を勧告し、カルテルによる不当な値上げが明らかになった。私たちは、損害賠償請求の訴訟に踏み切った。
> ヤミカルテル灯油裁判は、主婦連の会員13人とかながわ生協の組合員85人が独禁法を根拠に訴えた「東京裁判」と山形県の鶴岡生協の組合員1,654人が民法に基づいて訴えた「鶴岡裁判」がある。
> 東京裁判は1987年7月、鶴岡裁判は1989年12月に最高裁で請求を棄却し、消費者の請求を退けた。

なお、「⑥被害・不利益の発生の問題」も他の問題と同様に、「①基準・

第3章　消費者問題の「問題点」と「発生要因」

ルールの問題」、「②行政の行動の問題」など他の問題点とも関係するが、異なる性質の問題点であることから、別の問題点として挙げる。

2．「発生要因」は3つ

　消費者問題はこのように6つの「問題点」に整理されるが、これらはどのような政策が必要かという観点から、さらに「発生要因」に分類することができると考える。
　まず、これまで「発生要因」は先行研究ではどのようにとらえられてきたかを見ると、その多くが市場経済に要因があるとしている。つまり消費者問題は市場経済のなかで構造的に発生するというものである。これを1956年に結成された全国消費者団体連絡会[20]は翌年1957年の「第1回消費者大会」において、「『資本主義は両刃の剣である。労働者として搾取され、消費者として搾取される』と私たちの先駆者は叫びました」、そして「私たち消費者大衆こそ主権者であることを高らかに宣言します」との「消費者宣言」を出している。鈴木（2010）はこの「消費者宣言」に対し、消費者団体が「消費者が搾取される、すなわち不当な不利益を受ける要因は資本主義システムに内在しており、すべてのものの価格と品質は消費者の意思によって決定されなければならない、最終決定権は消費者にある」と主張し、「生活防衛運動を展開してきた人々は……その要因は社会構造自体にあると認識し、……さまざまな具体的問題を『消費者』に関わる社会問題として包括的にとらえ、社会的な力でその解消を図らなければならないと考えるようになった」としている（鈴木, 2010:10-11）。
　また、国においても国民生活審議会がまとめた「消費者被害の救済―その制度化の方向―」（1975年）のなかで、「今日の消費者被害は、大量生産、大量販売に代表される現代の経済社会の構造に根差したものとして、消費者の『構造的被害』として把握することができる」（経済企画庁, 1975:14）と指摘している。法律学においては（加藤, 1984）、「資本主義の高度化に伴い、企業と消費者との格差が拡大することによって、消費者問題の登場は促されていた」、「資本主義経済は前例のない高度経済成長を経験し」、「ある商品の生産の生産・販売に力を注いでいる事業者と、さまざまな事業者が提供するさまざまな商品を買うだけの個人消費者とでは、商品に関

する知識・能力、あるいは取引の際の交渉力などに格段の差が生じたのである」との指摘（大村, 1998:4）、経済学においては、消費問題の「要因として考えられることはまず第一に、情報の非対称性が存在すること」であるとし（関川, 2012:7）、市場での消費者の実態について「現実は供給優位型経済体制が確立されて久しく、消費者は各種の販売戦略に踊らされる受動的存在であり、利潤を実現するためのその他大勢と認識されるにすぎなくなっている」（水谷, 2005:1-2）と指摘されるようになっていく。このようにさまざまな分野から、消費者問題が消費者個人の問題ではなく市場経済における構造的な問題であることが認識され、それを前提として消費者政策が論じられることになった（小木, 1998; 多田ほか, 2002; 境井, 2003; 細川, 2006; 御船ほか, 2006; 鈴木, 2010など）。消費者問題について「消費者個人の生活場面に直面した消費者問題も、少なくとも産業革命以後の近代経済社会に内包される本質的問題として把握しなければならなくなってくる」として（小木, 1998:25）、「消費者の被害の発生要因は……消費者と事業者との間の情報等の格差・対等性の喪失にあるから、これを個人的に解決することはできない。社会的な力によって解決しなければならない社会問題であると認識されて『消費者問題』といわれる」（鈴木, 2010:17）といわれるようになる。

　しかし、消費者問題が市場経済に発生要因があるとするだけでは問題は解決しない。具体的な対応策には結び付きにくい。そこで小木は具体的に「消費者情報の欠如」、「企業の自由・公正競争の制限」、「企業（生産）優先の思想」（小木, 1998:27-33）を挙げている。ほかにも朝岡は「情報の非対称性の存在」、「消費者の情報処理能力の不足」、「企業倫理の欠如の行動」を挙げる（朝岡, 2012:7）。たしかに、これらはいずれも消費者問題の「発生要因」であるが、果たしてそれだけであろうか、またこれらの要因の分類は具体的な政策につなげることができるだろうか。これらの分類および考察では市場での消費者問題の「発生要因」と関連付けた解決策としては十分ではないと考える。

　そこで本書では、消費者問題の実態から「問題点」を6つに整理したうえで、我が国は商品・サービスの取引については市場経済を基本とし、市場メカニズムを機能させていくことが必要とされることを踏まえて、これらの「問題点」を市場メカニズムの機能から見てどのような「発生要因」

第3章　消費者問題の「問題点」と「発生要因」

として捉えるべきかを考察してきた。このことによって、消費者問題を市場メカニズムの問題として解決できるか否かという消費者政策の具体的な政策を選択することができると考える。市場メカニズムの問題として解決できる場合はその市場メカニズムを機能させる政策が必要であり、そうではない場合は他の方法での解決を用意する必要がある。

　以上から、消費者問題の「問題点」を市場メカニズムから見たとき、次の三つの「発生要因」に分類することができると考える。第一に「基本的な市場メカニズムの機能整備の問題」、第二に「市場メカニズムでは解決のできない消費者の被害・不利益等の回復の問題」、第三に「消費者の強化による市場メカニズムの積極的活用の問題」と呼ぶことにする*21。

　順次考察する。

①「基本的な市場メカニズムの機能整備の問題」

　これは前述の消費者問題の「問題点」のうち、消費者と企業の取引の前提として、市場メカニズムが機能するかどうかの問題として整理されるべきものであり、「基準・ルールの問題」、「情報格差の問題」が関わる。市場にこれらの問題があることによって市場が健全に機能しないからである。そして、これらの問題には「企業の行動の問題」も「行政の行動の問題」も関わることから、これらもこのカテゴリーに入れるべきことになる。市場メカニズムが機能していることによって「消費者利益が確保」されることになり、それらが機能していない場合に消費者問題が起きると捉えることができる。

②「市場メカニズムでは解決できない消費者個人の被害・不利益の回復の問題」

　これは前述の消費者問題の「問題点」のうち「消費者個人の被害や不利益の発生等の問題」が関わる。第一の「発生要因」の問題とは異なり、市場メカニズムの機能の整備では解決できない、生身の消費者に起きた生命・身体あるいは財産上の不利益の回復の問題である。もちろん被害や不利益の回復の問題はそれを実現するための基準・ルールの設定などの市場メカニズムの機能の整備という第一の「発生要因」にも関わるが、それとは別に発生した消費者の被害や不利益等の実態回復を実効的に図ろうという

問題である。経済原理は消費者に不利益を及ぼす事業者が存在する場合、あるいは商品等が存在する場合、それらの事業者を、あるいは商品等を市場から撤退させることで市場の健全化を図ろうとする。しかし、「購買過程から政治過程に至るまで消費者問題が発生してから、市場メカニズムが稼働しても、それは後の祭りとしかいいようがない。しかも消費者問題の解決には消費者側に時間と労力が必要とされる」(境井, 2003:14)。消費者問題は経済原理だけでは解決できず、非市場による解決が必要とされるのである。

ハーシュマンは、市場による解決である「離脱」と対比して、非市場による解決として「発言」＊22を挙げ、「市場が最適状態を達成することに失敗する場合、社会は最適状態とのギャップを……架橋しようとして非市場的な社会制度が生まれる」という。つまり、消費者問題の解決方法として市場による解決と非市場による解決の両面が必要なのである。

③「消費者の強化による市場メカニズムの積極的活用の問題」

これは前述の消費者問題の「問題点」のうち「消費者の行動の問題」が関わる。消費者が自立・自律した主体として自己の持つ力を発揮することによって市場メカニズムの機能の積極的活用を図ることができる。まず、市場において消費者が情報収取等の合理的な選択をすることによって問題ある企業や商品を淘汰できるという本来の市場の健全化に役立つ。

また、消費者が社会や環境の問題の解決のために行動することによって持続可能な社会の形成に貢献することができる。しかし、現実の消費者はさまざまな理由によりそれらの役割を果たせないという実態があることから、問題解決として情報提供や消費者教育などによって消費者を強化し市場において力を発揮するようにしていく問題として捉える必要がある。

註
＊1 同法は、一般消費者が製品の品質を正しく認識し、その購入に際し不測の損失を被ることのないように、事業者に家庭用品の品質に関する表示を適正に行うよう要請し、一般消費者の利益を保護することを目的に、1962（昭和37）年に制定された。
＊2 消費者庁,『家庭用品品質表示法』。http://www.caa.go.jp/hinpyo/（2016.11.22）。

第 3 章　消費者問題の「問題点」と「発生要因」

＊3　景表法の背景にはニセ牛缶事件（1960年）がある（大村, 1998:6）。
＊4　内閣府国民生活審議会消費者政策部会（2002），『消費者に信頼される事業者となるために－自主行動基準の指針』。http://www.consumer.go.jp/seisaku/shingikai/report/finalreport.pdf（2016.12.12）。
＊5　http://www.caa.go.jp/representation/pdf/140328premiums_4.pdf(2016.12.12)。この背景には当時の企業不祥事がある。自主行動基準の策定の場合も「現在、企業不祥事の多発を背景に、消費者の事業者に対する信頼は大きく揺らいでいる。事業者には消費者の信頼を取り戻すための取り組みが求められているが、その有力な方策が、事業者による自主行動基準の策定・運用である」とされた。
＊6　レモンには「不良品」といった意味合いがある。情報の非対称性がある状態では、売り手は良品を満足な価格で売却できないため、市場に出回るのはその市場価格で売却してもよい不良品のみになる。良い物が市場に出ず、悪い物だけが市場取引されるような市場を「レモン市場」と呼ぶ。ジョージ・アカロフが、1970年に「レモンの市場」（The Markets for Lemons）という論文で分析した考え方である（Akerlof, 1970）。また、「逆選択」とは、通常は良いものが選ばれ生き残るという「選抜」の逆であるという意味で使われる（町野, 2015:165-168）。
＊7　消費者基本法も消費者契約法もその第 1 条の目的規定に「この法律は、消費者と事業者との間の情報の質及び量並びに交渉力等の格差にかんがみ、……」と記述されている。
＊8　もちろんそこに「消費者の行動」が関わり事故等の発生につながることもある。
＊9　世界の代表的な消費者情報誌として、まず消費者団体が提供するものとして、アメリカの「Consumer Reports」、イギリスの「Which?」、フランスの「Que Choisir」、ベルギーの「Test-Achats」、オーストラリアの「Choice」などがある。ほかに財団・政府機関が提供するものとして、ドイツの「Test」、フランスの「60 Milions de consommateurs」、韓国の「消費者時代」がある（丸山, 2015:168）。
＊10　消費者庁のホームページには景表法による措置命令事例が公表されており、2015年は16件、2014年は17件ある。消費者庁.『景品表示法関連報道発表資料』。http://www.caa.go.jp/policies/policy/representation/fair_labeling/（2016.02.20）。
＊11　関西消費者協会（2015），「Consumer's Eye（2015.8.31.～9.30）」『消費者情報』2015年11月号、30～31頁。
＊12　関西消費者協会（2015），「Consumer's Eye（2015.10.1.～10.31）」『消費者情報』2015年12月号、30～31頁。
＊13　消費者庁創設の翌年に策定された消費者基本計画においても、消費者庁創設の背景として、「消費者行政の前提となる健全な消費生活の基盤や行政に対する

信頼が大きく揺らぐ中で、消費生活の問題を総合的・抜本的に解決していくための新たな枠組みの構築を求める声の高まり」（消費者庁，2010:1）があったと述べている。

*14 これは当該消費者の個人の問題であり、消費者問題として扱う問題ではないという見解もあるだろう。しかし「表示」を読まなかったことでただちに消費者個人の責任の問題と言い切れないこともある。例えば「読まない」行為が、記載がわかりにくい結果のこともある、あるいは「読まない」という消費者の実態が一般的である場合はその消費者の意識や行動の背景にある教育の問題も「消費者問題」となる。

*15 前述したように、CIにおける「消費者の責任」の中には「主張し行動する責任」があり、苦情を含む消費者の問題提起は消費者の役割の一つとして捉えることもできる。

*16 NACS標準化を考える会（2012），『「子ども服の安全性と標準化について」Ⅱ～統一安全基準の必要性と関係者それぞれの役割～』。http://nacs-east.jp/kenkyukai/documents/20120421hyoujyunkaronbun2.pdf（2016.11.20）。

　欧米では子ども服のヒモに関する安全規格があるのに、日本ではなかったことから、日本消費生活アドバイザー・コンサルタント・相談員協会（NACS）「標準化を考える会」では子ども服のヒモに関する規格を提案した。同研究会によると、アメリカでは、「米国消費者製品安全委員会（CPSC=Consumer Product Safety Commission）」が、1996年にガイドラインを公表して、事故原因となる首周りの紐の禁止や、上着の腰周りの紐の長さを基準化し、その後1997年米国材料試験協会（ASTM=American Society for Testing and Materials）は安全規格を制定、イギリスでは1997年に英国規格協会（BSI=British Standards Institution）が安全規格を制定、EUにおいても、2004年、欧州標準化委員会（CEN=European Committee for Standardization）は 安全規格を制定しているという。

*17 子ども服のヒモによる事故について、日本の消費者は自己責任として、事業者の問題を指摘しない結果、事業者や行政の取組みを遅らせ、社会における安全問題の解決がはかれなかったと見ることもできる。なお、子ども服のヒモに関しては、2011年に同研究会が提案したことをきっかけに、日本でも2015年にJISL4129「子ども用衣料の安全性－子ども用衣料に附属するひもの要求事項)」として制定された。

経済産業省（2015），『子ども用衣料（ひもの安全基準）のJISを制定公示します－子ども服のひもの引っかかりによる事故の減少を目指して－』。 http://www.meti.go.jp/press/2015/12/20151221002/20151221002-2.pdf(2016.12.12)。

*18 消費者の被害等の実態の回復方法としては法律だけではなく、たとえば消費

第3章 消費者問題の「問題点」と「発生要因」

者の相談窓口の設置や原因究明制度などによる消費者への支援などが考えられる。相談窓口としては行政においては消費生活センター、事業者のお客さま窓口などがあり、原因究明としては国民生活センターが人の生命・身体等に重大な影響を及ぼす商品や品質・表示等に問題ある商品について、消費者被害の救済や未然防止・拡大防止のために、消費者の使用実態を考慮しつつ商品テストを実施している。
国民生活センター、『商品テスト』。
http://www.kokusen.go.jp/hello/data/test.html（2016.12.13）。
消費者安全調査委員会は2012年10月1日に設置された。
http://www.caa.go.jp/csic/（2016.12.12）。
*19 主婦連、『主婦連のあゆみ』。
http://shufuren.net/modules/tinyd4/index.php?id=2#197411（2016.11.20）。
*20 全国消費者団体連絡会（全国消団連）は「消費者の権利の確立とくらしを守り向上をめざすため全国の消費者組織の協力と連絡をはかり、消費者運動を促進すること」を目的として1956年に設立され、消費生活に関連する諸問題や制度及び消費者運動の進め方等について、調査研究、情報の交換を行っている。2017年1月31日現在、16の全国的消費者組織、26の地域単位の消費者連絡組織、5つの消費者問題に関る非営利組織が加盟している。
全国消費者団体連絡会。
http://www.shodanren.gr.jp/about/member.php （2017.01.31）。
*21 古谷（2013a）では消費者問題の「発生要因」にもとづいて消費者政策の領域を考えることを要因説として詳しく考察している。
*22 ハーシュマンは、「発言」について、「不愉快な事態から逃避するよりも、とにかくそうした事態を変革しようと立ち上がることである」と定義し、具体的には、企業の担当者に個人や集団が改善を要請したり、経営を変革させようと、より上位の権力層に訴えたり、あるいは、世論の喚起を意図するものを含め、様々な行動や抗議活動にでることであるとしている（Hirschman, 1970:30-31, 矢野訳2005:34-35）。

第4章
消費者政策

　我が国では、戦後、消費者問題が社会問題化し、消費者政策が要請されることになったが、国の制度としての消費者政策の始まりは1968年に消費者保護基本法が成立してからである。また2004年には消費者保護基本法が消費者基本法に改正され、消費者を保護される客体から権利を持った主体へとする転換を図っている。戦後70年、我が国の消費者政策は常に変化にさらされていたといっても過言ではない。

1．消費者問題・消費者・制度の変遷

　消費者問題は時代ごとに特徴を持っている。そこで時代を1940年代～1950年代、1960年代、1970年代、1980年代、1990年代～2000年代前半、2000年代後半に分けて、それぞれの社会的背景とともに消費者問題がどう変化してきたか、そしてこれらの時代の社会的背景、消費者動向、そして当時の制度の特徴について述べていく*1。

1940年代～1950年代
（戦後の厳しい暮らし、水俣病など大きな消費者問題の発生、消費者団体の結成、独占禁止法など多くの法律が成立）
　「終戦直後の日本は、深刻な食糧危機やインフレの状況にあり、着る物や住む家も手にできず、生きるのがやっとという時代……生活物資は不足し、粗悪品が生活の中に入り込むとともに、法外な価格で生活物資が取引されるヤミ市が各地で発生」していた（消費者庁，2012:5）。この当時の主な消費者問題には、水俣病（1953年）、森永ヒ素ミルク事件（1955年）などがある。
　この頃の消費者動向として、「主婦層を中心に食料の確保やヤミ物価の撲滅に向けた運動が展開され、関西主婦連合会（現　日本主婦連合会及び現

関西生活者連合会）や主婦連合会（主婦連）＊2が結成」され、「1952年には、各地で結成されていた地域を基盤とする婦人会の全国連絡機関として、全国地域婦人団体連絡協議会の結成、さらには日本生協連や主婦連合会等の働きかけにより、消費者団体同士の連携を強化する気運が高まり、1956年には全国消費者団体連絡会が結成され」ることになった（消費者庁, 2012:5-6）。

当時の制度としては、「独占禁止法」(1947年)、「食品衛生法」(1947年)、「薬事法」(1948年)、「農林物資の規格化及び品質表示の適正化に関する法律（JAS法）」(1949年)、「建築基準法」(1950年)、「利息制限法」(1954年）など非常に多くの法律が制定され、次々に発生する消費者問題に対し、国としての対応を迫られていたことが窺える。

1960年代
（高度経済成長、ニセ牛缶事件など多数の消費者被害、消費者団体による抗議、消費者保護基本法が成立）

「1960年代は、高度経済成長を背景に、大量生産、大量販売、大量消費という経済構造が拡大」し（消費者庁,2012:5）、戦後の産業保護・振興により急速な発展を遂げた我が国は、1960年代には急激な経済成長を遂げることになる。「『ゆたかな社会』を実現することになった……一方で、人々は急激な経済成長による歪みによる多くの社会問題に直面していることにも気づきはじめ」、「物質的な豊かさを謳歌する消費者のだれの目にも、環境問題（当時は公害問題と呼ばれた）の深刻化は明らかであった」という状況を迎えることになる（安田, 2001:49）。

この頃の主な消費者問題には、表示と商品の内容が食い違っていたニセ牛缶事件（1960年）、多数の消費者に危害が及んだサリドマイド事件（1962年）やカネミ油症事件（1968年）、欠陥自動車問題（1969年）が挙げられる。「こうした深刻な被害が続発したことにより、被害者団体や消費者団体は、事業者への抗議や行政への対応を求める運動を活発に行うようになり、その結果、国民の間で消費者問題や消費者教育への関心が高まる」ことになった（消費者庁, 2012:5-6）。そして1961年には商品テストを実施する日本消費者協会が発足している。

当時の制度としては「割賦販売法」（1961年)、「電気用品取締法（現 電

気用品安全法)」(1961年)、「家庭用品品質表示法」(1962年)、「不当景品類及び不当表示防止法(景表法)」(1962年)、「公害対策基本法」(1967年)、「消費者保護基本法」(1968年) などの法律制定がある。

1970年代
(大衆消費社会の進展、安全にかかわる消費者被害、カラーテレビ不買運動、マルチ商法、サラ金被害、訪問販売法が成立など)

　1970年代に入ると、大衆消費社会はさらに進展し、引き続き商品の安全性に係る消費者問題が多発し、また、いわゆるマルチ商法など新しいタイプの消費者問題が発生した (消費者庁, 2012:6)。主な消費者問題として、ヤミカルテル問題 (1974年)、サラ金被害の社会問題化 (1976年ごろ)＊3が挙げられる。

　この頃の消費者動向として、1970年には消費者5団体による「チクロ追放消費者大会」においてチクロ入り食品不買決定、また地婦連がカラーテレビの二重価格調査結果を公表し、消費者5団体がカラーテレビ不買運動を決定し、さらには1969年に結成された日本消費者連盟創立委員会 (現日本消費者連盟) は、内部告発等をもとに、大手企業の詐欺的商法を告発する運動を展開した。

　当時の制度としては「割賦販売法」改正 (クーリング・オフ4日間創設) (1972年)、「消費生活用製品安全法」(1973年)、「有害物資を含有する家庭用品の規制に関する法律」(1973年)、「訪問販売等に関する法律 (現 特定商取引法)」(1976年)、「無限連鎖講の防止に関する法律 (ネズミ講防止法)」(1978年)、「医薬品副作用被害救済基金法」(1979年) などの法律の制定がある。

1980年代
(情報化・サービス化・国際化、豊田商事事件、グリーンコンシューマー運動、貸金業規制法の成立など)

　「1980年代は、経済の情報化、サービス化、国際化が加速し、消費者を取り巻く環境が大きく変化し」、「クレジットカードが普及するなど、金融サービスへのアクセスが容易」になる (消費者庁, 2012:7)。この頃の主な消費者問題には、食品添加物問題 (1980年ころ)、豊田商事事件 (金の現物

まがい取引)(1985年)などがある。

　この頃の消費者動向としては、1980年代ころから安全や表示など、消費者が市場から影響を受ける従来型の消費者問題だけではなく、「生産から廃棄に至る経済過程において、企業のみならず、消費者自身も環境に対して不利益を与えているという事実への認識と自覚が芽生え」(呉, 2005:38)、環境に配慮するグリーンコンシューマー運動も見られるようになる*4。このような消費者を「環境志向型消費者」(呉,2005:38)、あるいは「合理的環境人」とも呼ぶこともある(北村, 1998:94-100)。そして従来消費者問題としては捉えられていなかった環境問題に対して、「現在の消費者団体の62.8％が関心を持つ」までに至っている*5。

　この当時の制度としては「海外商品市場における先物取引の受託等に関する法律(海先法)」(1982年)、「貸金業の規制等に関する法律(貸金業規制法)」(現貸金業法)(1983年)*6、「割賦販売法」改正(抗弁の接続*7など)(1984年)、「特定商品等の預託等取引契約に関する法律(預託法)」(1986年)、「抵当証券業の規制等に関する法律」(1987年)、「前払い式証票の規制等に関する法律(プリペイドカード法)」(1989年)などの法律制定がある。

1990年代～2000年代前半

　(インターネットの急速な発達、マルチ商法、リコール隠し、保険金支払い漏れ、PL法制定運動、製造物責任法の成立など)

　1990年代から2000年代前半は、「インターネットを代表とする情報通信技術の急速な発展に対し、適切な対応方法を十分に身につけることができない消費者もあり、新たな消費者問題が発生した(消費者庁, 2012:6-7)。

　この頃の主な消費者問題には、マルチ・マルチまがい商法被害の増加(1993年ごろ)、雪印乳業食中毒事件(2000年)、三菱自動車リコール隠し事件(2000年)、食品偽装表示事件の多発(2002年)、振り込め詐欺の多発(2004年ごろ)、偽造・盗難キャッシュカードによる被害の増加(2004年ごろ)、保険金支払漏れ・不払い問題(2005年)などが挙げられる。この時代は、経済社会が大きく変化する中で、新しいサービスなどの消費者問題や国境を越えた消費者問題の発生、個人情報が絡む問題など消費者問題が高度化・情報化・複雑化している。また高齢社会を背景とした高齢者の消費者被害の多発も大きな社会問題になっている。一方、従来と変わらぬ安全を脅

第4章　消費者政策

かす問題や表示の問題も頻発する時代であった。

　この頃の消費者動向としては、1991年には「消費者のための製造物責任法の制定を求める連絡会」が結成され、全国消費者団体連絡会の「欠陥商品110番」は92年から96年まで毎年実施され、1993年には消費者の請願署名を全国で245万人を集めるなど活発な消費者運動を展開している*8。また1998年には全国消費者団体連絡会は「消費者のための消費者契約法を考える会」を発足し、「『消費者契約法』(仮称)への提言」にまとめ、「政府の立法作業に対して、消費者団体が行った『提言』として画期的なもの」とされ、さらには消費者政策の見直しの議論のなかで「『消費者保護基本法改正試案』として提言」をまとめ、「その要望が多く盛り込まれ、『消費者の権利』が位置付けられた」ともいわれている（小澤, 2006:43-54）。

　当時の制度として、消費者と企業との間の情報量、交渉力の格差を考慮した民事ルールの整備が進み、1994年には「製造物責任法」、2000年には「消費者契約法」や「金融商品の販売等に関する法律」が成立した。ほかには「資源の有効な利用の促進に関する法律（リサイクル法）」(1991年)、「借地借家法」(1991年)、「特定家庭用機器再商品化法（家電リサイクル法）」(1998年)、「住宅の品質確保の促進等に関する法律（住宅品質確保促進法）」(1999年)、「ダイオキシン類対策特別措置法（ダイオキシン対策法）」(1999年)、「不正アクセス行為の禁止等に関する法律」(1999年)、「電子消費者契約法及び電子承諾通知に関する民法の特例に関する法律」(2001年)、「食品安全基本法」(2003年)、「個人情報保護法」(2003年)、「貸金業規制法及び出資法等の一部改正（ヤミ金融対策法）」(2003年)、「消費者基本法」(2004年)、「公益通報者保護法」(2004年) など多数の消費者関連法が制定されている。

2000年代後半〜
（経済社会のグローバル化、中国冷凍餃子事件、適格消費者団体、新たな消費者団体の創立、消費者庁創設）

　2000年代後半から現在までの時代は「経済社会のグローバル化の進展に伴い、消費生活においてもグローバル化が進んで……、我が国の消費者は、世界中の国や地域から輸入された多くの商品に囲まれて日常生活を送っている」といわれている（消費者庁, 2015a:4）。

この時代の消費者問題として、高齢者を狙った悪質リフォーム工事被害が社会問題化（2005年）、エレベータ事故（2006年）、瞬間湯沸器による一酸化炭素中毒事故（2006年）、中国冷凍ぎょうざ事件（2008年）、スマートフォンのトラブルの急増（2011年）、子どもの事故の問題化（2014年）、個人情報流出事件（2014年）、フォルクスワーゲン排ガス不正事件（2015年）、マンション杭うち不正使用事件（2015年）などがある。

　この頃の消費者動向としては注目すべきものがいくつかある。一つには、新たな消費者団体の設立である。まず多数の適格消費者団体の設立がある。後述するように消費者団体訴訟制度の導入により消費者機構日本（COJ= Consumers Organization of Japan。以下、「COJ」という）*9などの適格消費者団体が全国で設立されている*10。また持続可能な社会の観点で「サステナビリティ消費者会議（CCFS）」（2013年）*11や「消費者市民をつくる会（ASCON）」（2014年）*12の設立、さらに、特に食品に関して、さまざまな立場の人々が知識を高め、お互いの立場への理解を進めていくことによって、より良いコミュニケーションをもとに提言活動を行う「食のコミュニケーション円卓会議」（2006年）*13の設立、食品にからむ多岐にわたる情報を科学的根拠に基づいて分かりやすく迅速に提供しようとする「Food Communication Compass（フーコム）」（2011年）*14の設立など、新しいタイプの消費者団体が現れるようになっている。

　二つには、2009年の消費者庁創設以降、消費者団体のメンバーが消費者政策に関与する事例の増加が見られる。従来からの各種審議会への消費者代表としての参加に加えて、内閣府の消費者委員会委員あるいは当時の全国消費者団体連絡会の事務局長が2012年から２年間消費者庁長官に就任する例も見られた。

　当時の制度としては、「食育基本法」（2005年）、「偽造カード等及び盗難カード等を用いて行われる不正な機械式預貯金払戻し等からの預貯金者の保護に関する法律（預貯金者保護法）」（2005年）、重大製品事故の発生を受けて「消費生活用製品安全法」が改正（2006年）され、企業に対し、重大事故の報告・公表を義務付けられたこと、消費者契約法が改正（2006年）され、個々の消費者に代わって内閣総理大臣の認定を受けた適格消費者団体が差止請求を行う消費者団体訴訟制度が導入された。2013年には「特定適格消費者団体」*15による「集団的消費者被害回復制度」が導入されてい

第4章　消費者政策

る。また、2009年に行政の取組みの大きな変化として消費者政策の司令塔である消費者庁が創設され、消費者行政全般に対する監視機能を有する独立した第三者機関である消費者委員会が設立された。その後、消費者行政の推進がさらに進み、消費者安全調査委員会*16の設置（2012年）、越境消費者センター*17が設置（2011年）された。また消費者教育の定義について、持続可能な社会としての消費者市民社会の形成に参画する消費者を育成しようという消費者教育推進法（2012年）が成立している。

　これまで見てきた消費者政策の変遷を社会や消費者の変化とともに示したのが、以下の図（図10）である。

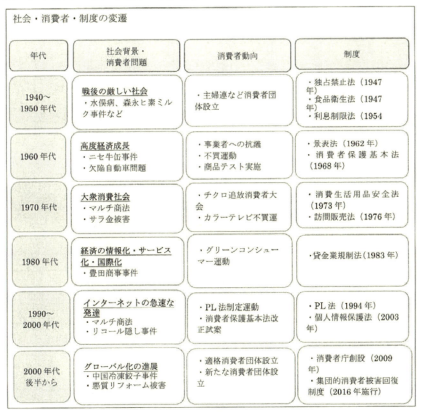

図10 消費者政策の変遷　出所：筆者作成。

2．主体ごとに見る消費者政策の特徴

消費者問題が社会問題化してから消費者政策はいくつかの転換を経て現在に至っているが、ここでは、これら消費者政策を担う行政、企業、消費者などの推進主体ごとに取組み実態を概観する。

行政の取組み

消費者問題に対する政策は当初、行政による「続発する問題の事後処理的」(小木, 1998:58) なものとしての消費者政策が始まる。まず消費者政策に関わる組織として1961年に東京都に「消費経済課」が全国に先駆けて設置され、その後、1963年に農林省、64年には通産省に相次いで消費経済課が設置され、65年には、経済企画庁に国民生活局の設置とその所管を受ける国民生活審議会が発足した。また地方自治体には「消費者が行政サービスに気軽にアクセスできる場」(鈴木, 2010:41) として、「神戸生活科学センター」が開設された。

その後1968年に消費者保護基本法が成立し消費者政策が本格的に始まるようになると、1970年には消費者問題に関する情報提供や苦情相談対応、商品テスト、教育研修を担う機関として「国民生活センター」が設立され、さらに、1973年には全都道府県に消費生活センターが設置されるまでに至った。2003年には2001年の牛海綿状脳症（BSE）問題が発生し、食の安全に対する国民の信頼を揺るがす事件の発生などを背景に「食品安全委員会」*18が設置された。

さらに2004年には消費者保護基本法が改正されて消費者基本法となり、「消費者の権利の尊重と自立の支援」の理念とともに新たな消費者政策がはじまったが消費者行政の一元化までには至らなかった。しかし、2008年1月、福田首相（当時）が国会での施政方針演説において、政権の施策の5つの基本方針のうちの第1に、「生活者・消費者が主役となる社会を実現する『国民本位の行政への転換』を掲げ」(松本, 2015:278)、2009年には消費者庁が創設され、消費者政策はさらに進展を迎えることになった。それは消費者行政が「産業振興の間接的、派生的テーマ」であったことからの「パラダイム（価値転換）転換し、企業優先から国民一人ひとりの立場に立ったもの」(消費者庁, 2012:9) をめざして消費者行政の一元化を達成

することになる*19。そして消費者の相談窓口である消費生活センターは2009年の501か所（2009年4月1日時点）から882か所（2015年4月1日時点）（消費者庁，2016a:24）となり、381か所増加している（図11）。

図11 行政の主な取組みの変遷　出所：筆者作成。

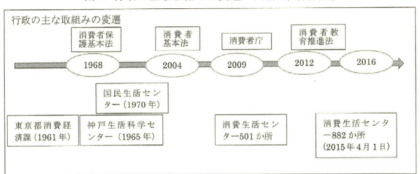

企業の取組み

企業の取り組みは消費者保護基本法に事業者の責務が定められてから始まることになる。同法成立の「翌年、通商産業省（当時）から『民間団体における苦情処理体制整備』に関する通達が出された。消費者問題に対応する必要性を認識し始めた企業は、1970年代になると相次いで消費者対応部門を設立した」、「この当時、苦情が相次いだ食品業界、化粧品業界、家電業界などが中心になり、消費者対応部門が次々と設立されている」（蔵本，2012:7）。このように当初、企業の消費者対応は行政主導で進められていく。消費者保護基本法成立後の「消費者保護会議」*20における取りまとめである「消費者行政の推進について」には、毎年のように企業の体制強化が議題に上っている。

しかし、今日において、消費者対応窓口の設置は進み、消費者関連専門家会議（ACAP=the Association of Consumer Affairs Professionals。以下、「ACAP」という）*21の調査報告書によると、会員対象の調査ではあるが、消費者対応の窓口の設置状況は2004年には89.8％（ACAP,2002,:4）、2008年には93.2％（ACAP,2008:4）、2012年には95.2％（ACAP,2012:4）にも達している。

また企業は1990年ころからは消費者基本法に規定されている苦情対応を超えてCS（顧客満足）の取組みをすすめ、なかには「品質マネジメント―

顧客満足-組織における苦情対応のための指針」*22を導入するところも出てきている。ACAPの調査結果によると、「「『ISO/JISQ10002に基づいた全社規程・基準を整備している』のは65社18%（ACAP,2012:21）、また企業の消費者対応部門はCSRの取組みにも関わり、「CSR推進に何らかの形で取り組んでいる290社のうち、『消費者対応部門も積極的に関与』（17%）と『消費者対応部門もその一部を担っている』（43%）を合わせると60%に達する。……自社CSR推進に消費者対応部門が不可欠な存在になりつつある」（ACAP,2012:25-26）との報告にあるように、企業の取組みの進展が窺える。

現在、消費者志向経営が注目されている。経団連ではACAPと共催で、2013年から「消費者志向経営トップセミナー」開催している。2013年のテーマは「消費者市民社会構築に向けた企業の役割・責任を考える」（日本経団連, 2013）であった。ACAPでは2015年度より消費者志向経営の推進支援を目的とする「ACAP消費者志向活動表彰制度」を創設している*23。さらに2015年には消費者庁では、2015年の「消費者基本計画」に基づき「消費者志向経営の取組促進に関する検討会」（消費者庁, 2015c）を開催し、2016年4月には報告書を公表している。同報告書では、「消費者志向経営とは何か、その実施を促進したときに得られる効果は何か、また、どのような対策を講じれば、その取組が促進されるのかという点を取りまとめている（消費者庁, 2016b: 3）。

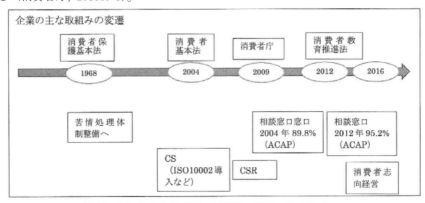

図12 企業の主な取組みの変遷　出所：筆者作成。

第4章　消費者政策

消費者（団体）の取組み

「消費者のためのさまざまなルールや規制、仕組み、取組は、一朝一夕に作り上げてきたものではありません。過去に発生した様々な消費者問題に対し、消費者の声や消費者運動がきっかけとなり、それがやがて政策論に結びつき、少しずつ積み重ねてきたものです」（消費者庁, 2012:2）といわれるように、消費者問題に対する消費者あるいは消費者団体の運動等によって消費者政策が進展してきたという現実がある。

戦後、消費者は生活を守るためにさまざまな消費者被害に対し消費者運動とともに消費者団体をつくり、企業や行政に対して抗議を行い、「消費者利益を確保」するために力をもって対抗してきた。そして現在も、大きな制度の変更や企業の反対の声が大きい分野に関しては従来と同様に消費者運動を展開している。たとえば、1990年から1995年にかけて行われたPL法制定運動、その後の消費者契約法や消費者基本法の制定運動、最近では消費者庁の創設運動や集団的被害回復に係る訴訟制度の制定など弁護士などの専門家も交えて組織的な消費者運動を展開するようになっている。そして、現在の消費者団体の活動の特徴としては消費者に影響のある法律や制度の制定や改廃に対して、学習会を重ねながら、最終的には提言として取りまとめる形の活動が主流になりつつある。また消費者団体の新たな活動として消費者団体が訴訟の主体となる消費者団体訴訟制度が導入されたことによって、消費者団体が主体となって不当行為の差止を行うように変化してきている*24。最近では財産的被害の回復を行う制度*25も導入さ

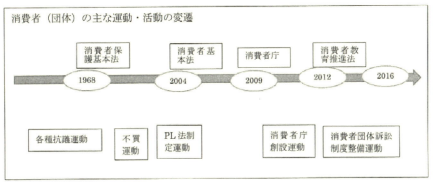

図13 消費者（団体）の主な運動・活動の変遷　出所：筆者作成。

れるなど「消費者利益の確保」のために消費者団体が果たす役割が非常に大きくなっている。

3．消費者政策の体系の変遷

　戦後から消費者保護基本法成立までは消費者政策の枠組みを定めるものはなく、「問題処理に当たっての指導理念、消費者保護行政の性格があいまいであった」（小木, 1998:58）。したがって、市場における消費者問題の解決は、消費者も企業も対等な私人関係として定める民法の考え方のもとに処理されていたと考えられる。しかし、その後、消費者保護基本法（1968年）の成立によって消費者政策の体系化が図られることになり、さらに2004年に消費者保護基本法が改正され、消費者の権利を定めた消費者基本法が成立し、新たな消費者政策の時代を迎えることになる。その後、2009年には消費者庁・消費者委員会が創設され、「行政のパラダイム転換」といわれ、生活者が主役となる社会を実現する国民本位の行政に大きく転換することになる。さらには2012年の消費者教育推進法を経て、2015年の消費者基本計画には消費者政策の方向性として、目指す社会像としての「消費者市民社会」を提示することになる。

　これらのいくつかのターニングポイントを経た消費者政策を見ていくことにする。

消費者保護・企業規制
　最初に消費者政策が体系化づけられたのは1968年の消費者保護基本法の成立に始まる。それは消費者問題の発生は「産業優先政策だけでは問題に対応できないこと、新しい事態に即した新しい政策が必要」（安田, 2005:50）とされ、1968年に初めて消費者政策の枠組みを定めた消費者保護基本法が成立することになったのである。同法は国の責務として「消費者の保護に関する総合的な施策」の策定・実施の責務（同法第2条）、地方公共団体は、国の施策に準じた「消費者の保護に関する施策」の策定・実施の責務（同法第3条）が定められ、消費者政策の中心に行政が位置付けられた。また同法は他の主体として消費者問題の当事者である企業と消費者に関する責務・役割を定めた（同法第4条、5条）。

第4章　消費者政策

　消費者保護基本法は消費者政策の理念を「消費者保護」とし、1969年の「昭和44年版　国民生活白書」*26においても「国民生活優先への展開」との副題がつけられ、産業優先政策を生活優先政策への転換の必要性が強調されるようになった。小木は、「行政の性格の転換が図られた」とし、「消費者が市場関係で置かれている実質的に不平等で弱い地位に着目し、その利益の擁護と増進を図るのが、真に公平で中立な行政であるという考え方」になったとしている（小木，1998:58）。

　消費者保護が同法に盛り込まれる経緯については、同法成立の5年前の「国民生活向上対策審議会」*27における「消費者保護に関する答申」（1963年）に詳しく述べられている。そこでは、次の三点から消費者の弱者としての側面に焦点を当て、消費者の保護の必要性を挙げている。

　第一に、消費者はきわめて多数でありながら未組織であり、生活のためには商品・サービスの購入を止めることができないという弱い面をもっていることから、生産・販売者側の独占的な色彩は強まるような場合には、多数でしかも未組織である消費者が不利な地位に立たされる。

　第二に、消費者は全ての商品やサービスについて十分な知識を得ることが困難になったばかりではなく、生産技術の発達は新たな商品・サービスの品質、性能などを充分に理解することが困難になり、合理的な行動がとれないことがある。

　第三に、消費者は射幸心や虚栄心など心理的な弱点を持っており、取引において合理性のみを発揮できるとは限らず、一部の巧妙な生産者・販売者によって利用され易いものである。

　この答申は、答申の公表の前年に出された、1962年のケネディ教書にある「われわれすべては消費者であり、最も大きな経済グループである。行政や民間の経済的意思決定に影響を与え、あるいは影響を受ける存在であるにもかかわらず、効果的に組織されていないためにその意見は届かない」*28に酷似しており、日本においても同教書に大きな影響を受けていることが窺える*29。

　また、消費者保護基本法が成立した同年の「年次経済報告」にも「経済の発展と国民生活の向上」に「消費者の立場」の項目が設けられ、「一般の消費者は孤立無援である。たしかに、消費者個人の合理的行動も重要であるが、それだけで十分であるとはいえない」とし、消費者団体の組織力

の問題も踏まえ、「生産者、労働者、消費者の三者の間の力関係はおのずから明らかであろう」とし、企業の広告宣伝費の増大など「消費者に対する影響力も無視しえない」と指摘し、「消費者の利益と安全を守ることはこれからますます重要なこととなろう。それには企業側における消費者利益尊重のビヘイビアが必要」、「国においても、品質基準の設置、商品テスト、表示の適正化、誇大広告の規制、苦情処理機構の整備、自主的な消費者団体の育成等なすべきことは多い。前国会で成立した消費者保護基本法はそのような精神に裏づけられたものであつた」と報告している[*30]。

消費者の権利の尊重、自立の支援、市場ルールの重視

2004年に消費者基本法が成立し、消費者政策の再体系化が図られる時代を迎えることになる。

消費者保護基本法の成立から36年後の2004年に、消費者保護基本法が改正されて消費者基本法成立が成立する。消費者基本法においては「消費者の権利の尊重及び自立の支援」を理念として、国や自治体は「消費者の権利の尊重及び自立の支援のための政策」を展開する責務（同法第3条、4条）、企業については従前の内容からの責務の拡大（同法第5条）のほか、消費者に対しても「環境保全」や「知的財産権」への配慮への努力などの役割が拡大された（同法第7条）。

我が国の消費者政策は1968年の消費者保護基本法の制定により、本格的・全国的に展開され、それは「ゆたかな社会」に伴う諸問題とされたが、その後、消費者政策の根本的あり方が問い直されるに至り、「21世紀型消費者政策の在り方」[*31]の検討が行われた。そこでは消費者の権利を「『市場メカニズム重視の経済社会への転換』という構造改革と政策的に密接不可分に関係づけられている」（安田, 2005:57）。「わが国の経済社会の構造的変革がめざす『市場メカニズム重視の経済社会』では、問題の構造は同じであっても、問題解決のためには従来と異なる新しい政策の推進体制（政策手法）が必要であると考えられたからである」（安田, 2005:54）。従来の消費者政策の考え方は、「政府が先頭に立って市場に積極的に介入すべきであると考えられてきた」が、「新しい消費者政策の考え方は、消費者利益の保護と向上のためには、市場メカニズムに備わっている自律（autonomy）的な機能を最大限に発揮させ、市場を形成する直接の当事者（消費者と事

第4章 消費者政策

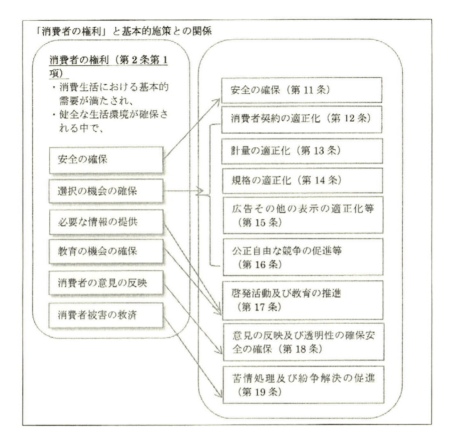

図14 現在の消費者政策における「消費者の権利」と基本的施策との関係
出所:消費者庁,2014b: 10をもとに筆者作成。

業者)の自由な活動とその結果への責任を明確にし、市場の機能不全によるデメリット部分を抑制する目的に限ってだけ、政府の市場の外部からの最小限の関与を容認しようとする」(安田、2005:54-55)ものである。

このような背景によって消費者基本法が成立し、消費者政策の理念は「消費者の権利の尊重及び自立の支援」となり、消費者政策の対象とする消費者像は「保護される主体」から権利を持った「自立した主体」に転換された。同法には「消費生活における基本的な需要が満たされ、健全な生

77

活環境が確保される中で、安全の確保、選択の機会の確保、必要な情報の提供、教育の機会の確保、意見の反映、被害の救済の権利」が定められることになる＊32。この権利の内容はCIの権利規定にならったものと言われている。アメリカでは1962年に消費者の権利が提唱されたのに対し、日本では42年を経てようやく2004年に消費者基本法に盛り込まれることになった。

行政のパラダイム転換

2009年に消費者庁および消費者委員会が創設され、消費者が主役となる社会の実現に向けて「行政のパラダイム転換」といわれる時代を迎える。

政府がこれまでの施策や行政の在り方を消費者基本法（昭和43年法律第78号）の理念である「消費者の利益の擁護及び増進」、「消費者の権利の尊重及びその自立の支援」の観点から積極的に見直すという意味で、行政の「パラダイム（価値規範）転換」の拠点であり、真の意味での「行政の改革」のための拠点である。これにより、消費者・生活者が主役となる社会を実現する国民本位の行政に大きく転換しなければならない（内閣府，2008b:1）。

目指す社会像の「消費者市民社会」の設定

内外の持続可能な社会構築の動きは、2012年の消費者教育推進法のなかで消費者市民社会の概念が法律上導入され、2015年3月に策定された新しい「消費者基本計画」は、目指す社会像として「公正で持続可能な社会」

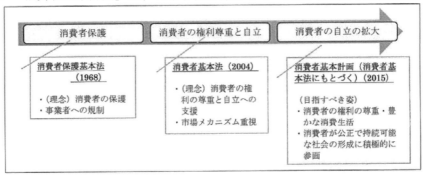

図15 消費者政策の理念の変遷　　出所：筆者作成。

第 4 章　消費者政策

を設定した。消費者政策の体系が変わろうとしている。ただし、この消費者基本計画は消費者基本法にもとづいており、厳密に変化をしたとはいえないが、目指す社会像のなかで、「公正で持続可能な社会の形成に参画する」という文言で、従来の消費者の役割とは異なる消費者への役割を盛り込んでいることから、明らかにそこに変化を見て取ることができる。

註
＊1　時代区分及び各時代の社会背景については、消費者庁「消費者問題及び消費者政策に関する報告」のなかの「消費者問題への取組みの沿革」を参照している（消費者庁, 2012:5-8）。
＊2　設立は1948年。
＊3　「自己破産件数は、1984年には2万件余、カード破産が社会問題化した1992年には4万件余、『ヤミ金』が社会問題化した2003年は24万件余となった」（消費者庁, 2012: 7）。
＊4　グリーンコンシューマー全国ネットワークが「グリーンコンシューマー買い物10の原則」などを作成している。http://www.kankyoshimin.org/modules/activity/index.php?content_id=57（2016.07.12）。
＊5　2012年公表の消費者庁の『平成23年度消費者団体名簿』における「消費者団体の現状について」によると、消費者団体の関心事項は「環境問題」に続き、「食品に関する問題」（58.6%）、「消費者啓発・教育」（58.4%）となっている。消費者庁（2012），『平成23年度消費者団体名簿―消費者団体の現状について―』．http://www.caa.go.jp/region/index10_1.html#m01-1（2015.01.16）。
＊6　2006年の法改正で「貸金業法」となっている。
＊7　「クレジットカードを利用して事業者から商品を購入した場合、消費者と事業者の間には売買契約が、クレジットカード会社との間にはクレジット契約が結ばれる。この2つの契約は別々のものであるため、仮に商品に欠陥があって売買契約を解除しても、民法上はそれを理由に別契約たるクレジット契約による請求を拒むことができない（抗弁できない）。しかし、売買契約を解除することとした理由をもってクレジット契約の請求を拒む権利を認めることを『抗弁権の接続』と呼ぶ」（消費者庁, 2012: 7）。
＊8　http://www.shodanren.gr.jp/keyword/ombudsman_course.php（2016.12.10）。
＊9　COJの設立宣言によれば、「この制度を十分に活用し、不当な約款や不当な勧誘行為を洗い出し、その是正を積極的に進めていく」として消費者団体が共同して設立したことが述べられている。http://www.coj.gr.jp/about/declaration.html（2

016.12.04)。

　COJの最近の活動事例には2014年10月に美容外科に優良誤認表示、二重価格表示および退去妨害の差止請求をしている例があるが、ほかにも自動車販売・買取業者のキャンセル料の割合を是正や投資事業者の不当な勧誘の是正などの実績を積み重ねている。

　政府広報オンライン，『暮らしのお役立ち情報』には「消費者団体訴訟制度」の活用が詳しく記述されている。http://www.gov-online.go.jp/useful/article/201401/3.html(2016.12.04)

*10 適格消費者団体は順次設立され、2016年12月16日現在、全国に14団体存在する。http://www.caa.go.jp/planning/zenkoku.html(2016.12.16)。
詳細は、補足資料「1．戦後から現在までの消費者運動の変遷」を参照されたい。

*11 http://ccfs2014.jimdo.com/ (2016.12.04)。

*12 http://ascon.bz/ (2016.12.04)。

*13 http://food-entaku.org/entakutoha.htm#mokuteki (2016.12.05)。

*14 http://www.foocom.net/ (2016.12.04)。

*15 消費者裁判手続特別法にもとづき裁判手続を行う消費者団体を「特定適格消費者団体」という（同法第65条）。

*16 消費者安全法にもとづき設置され、消費生活上の生命・身体被害に係る事故の原因を究明するための調査を行い、被害の発生又は拡大の防止を図るものとされている。

*17 海外ショッピングでトラブルにあった消費者のための相談窓口で、当初は消費者庁に設置されていたが、2015年4月以降国民生活センター内に置かれている。https://ccj.kokusen.go.jp/ (2016.12.16)。

*18 食品安全委員会は「輸入食品、加工食品の増大など食生活を取り巻く環境が大きく変化していることに加え、牛海綿状脳症（BSE）の発生など食品の安全を脅かす事件が相次ぎ」、「食品の安全にリスク分析の考え方をもとにした食品安全基本法が平成15年に制定されたことにより、「食品の安全性確保のための規制や指導を行うリスク管理機関（公正労働省や農林水産省など）から独立して、科学的知見に基づく客観的かつ中立公正なリスク評価を行うことを目的として、同年7月1日に内閣府の食品安全員会が設置」された。
https://www.fsc.go.jp/sonota/pamphlet/2013/pamphlet2013_jap_2.pdf (2016.12.05)。

*19 「2009年の消費者庁の設置は、『政策立案と規制の一元化』、『事故情報の一元化』、『消費者相談窓口の充実』の三つの点で消費者行政を強化」したものである（松本，2014:5）。

*20 消費者保護会議は「消費者の保護に関する基本的な施策の企画に関して審議

第4章　消費者政策

し、及びその施策の実施を推進する事務をつかさどる」ものとして消費者保護基本法第18条に規定されていた組織で、会長は内閣総理大臣である。
＊21　ACAPは、企業や団体の消費者関連部門の責任者や担当者が業種を超えて集う公益社団法人であり、会員数は約900名、会員企業数は約600社である。
　　ACAP『理事長挨拶』http://www.acap.or.jp/soshikigaiyo/message(2016.10.28)。
＊22　ACAPによれば、JISQ10002は、2004年に発行されたISO 10002「Quality management－Customer satisfaction－Guidelines for complaints handling in organizations」である国際規格を日本工業規格「品質マネジメント－顧客満足－組織における苦情対応のための指針」として、2005年に制定されたものである。本規格は、「組織、顧客、苦情申出者及びその他の利害関係者に資するよう意図されており、苦情対応プロセスを通じて得られた情報は、製品及びプロセスの改善につながり、適切に対応した場合には組織の評価が高まることになる。グローバル市場において矛盾のない苦情対応を行うことによって信頼を与える」ことを目的としている。(ACAP,2012: 21-22)。
＊23　http://www.acap.or.jp/acapsho(2016.12.17)。
＊24　不当行為の差止を行う消費者団体訴訟制度は消費者契約法、景表法、特定商取引法の一定の行為に対して、一定の要件のもとに認定された適格消費者団体が差止請求を行うことができる制度で2007年から実施されている（丸山, 2015: 116)。
＊25　消費者裁判手続特別法。2016年10月1日より施行されている。
＊26　内閣府（1969)、『国民生活白書』。
　　http://www.hosei.ac.jp/toukei/shiryou/21kokumin_haku.html(2016.12.12)。
＊27　「第一次国民生活向上対策審議会」は、1961（昭和36）年6月24日～1963（昭和38）年6月23日の間、開かれていた。その後、1965（昭和40）年からは国民生活審議会と名称を変え、消費者庁設立直前の2009年の第21次まで続いている。国民生活審議会は内閣総理大臣または関係各大臣の諮問に応じ、国民の生活構造、生活環境、消費者保護などについての基本的な政策について審議する機関である。学識経験者および一般消費者の意見を代表する者など30人で構成され、1961（昭和36）年5月、「国民生活審議会令」によって経済企画庁に設けられた国民生活向上対策審議会が、1965（昭和40）年に改称された。2001（平成13）年の省庁再編により、その後内閣府に属したものである。
　　http://www.caa.go.jp/seikatsu/shingikai2/kako/spc_top.html(2016.12.04)。
＊28　CI, *Consumer Rights*.
　　http://www.consumersinternational.org/who-we-are/consumer-rights/(2016.10.20)。
＊29　しかし、後述するように、アメリカと異なり、1968年の消費者保護基本法に

は消費者の権利規定が盛り込まれることはなかった。。
＊30 経済企画庁（1968），『年次経済報告 昭和43年度（1968年）』。
http://www5.cao.go.jp/keizai3/keizaiwp/wp-je68/wp-je68-000i1.html（2016.11.21）。
＊31 2002年から2003年にかけて国民生活審議会消費者政策部会で検討され、2003年に「21世紀の消費者政策の在り方」の提言がまとめられた（内閣府, 2003）。
＊32 消費者基本法第2条における、消費者政策の基本理念の中に、消費者の権利が明記されている。

第5章
消費者市民社会と消費者

1.「消費者市民社会」概念の登場

　いま社会のあらゆるところで、社会や地球の持続可能性が問われ、社会のさまざまな主体が開発、生産、消費などを持続可能なものとするために試行錯誤している。そして特に消費者あるいは消費者政策の分野では「消費者市民社会」という言葉で持続可能な社会の形成への取組みが始まっている。

　消費者市民（Consumer Citizenship）」は1990年代に北欧、主としてノルウェーを拠点にしたネットワークによって提唱され、「消費者が選択において倫理的、社会的、経済的、環境的な考慮によって、持続可能な社会に貢献すること」を求めるものである*1。日本では消費者市民社会の言葉が、2008年の消費者行政推進基本計画や国民生活白書の中で用いられ、法律としては2012年にはじめて消費者教育推進法の消費者教育の定義（表7）のなかに盛り込まれた。また2015年の消費者基本計画においては目指すべき方向性として公正で持続可能な社会としての消費者市民社会が示され、消費者は消費者市民社会の主役であると謳われている。

　しかし、消費者市民社会という言葉は消費者あるいは国民のなかでまだ十分浸透しているとはいいがたい。2015年の消費者市民社会の言葉の認知度の調査において、「内容まで知っていた」としたのは3.0％に過ぎず、「内容は知らなかったが，言葉は聞いたことがある」が18.5％、「知らなかった」は75.7％となっている（内閣府, 2015）。認知には程遠い状況だ。

環境から経済・社会へと広がる持続可能性
　「消費者市民社会」の中心となるコンセプトは「持続可能な社会」であり、このような社会が求められる背景には、後述の「Our Common Future」で示されているように、今日、酸性雨、熱帯林の破壊、砂漠化、温室効果

表7 消費者市民社会の定義

　消費者教育推進法第2条では次のように、「消費者教育」の定義とともに「消費者市民社会」が定義されている。

第1項　この法律において「消費者教育」とは、消費者の自立を支援するために行われる消費生活に関する教育（消費者が主体的に消費者市民社会の形成に参画することの重要性について理解及び関心を深めるための教育を含む。）及びこれに準ずる啓発活動をいう。

第2項　この法律において「消費者市民社会」とは、消費者が、個々の消費者の特性及び消費生活の多様性を相互に尊重しつつ、自らの消費生活に関する行動が現在及び将来の世代にわたって内外の社会経済情勢及び地球環境に影響を及ぼし得るものであることを自覚して、公正かつ持続可能な社会の形成に積極的に参画する社会をいう。

出所:消費者教育推進法第2条をもとに筆者作成。

による気温の上昇、オゾン層の破壊等、人類の生存の基盤である環境の汚染と破壊が地球的規模で進行し、この背後には、過度の焼畑農業による熱帯林破壊に見られるような貧困からくる環境酷使と、富裕に溺れる資源やエネルギーの過剰消費がある*2。

　また今日では環境のみならず経済や社会面における持続可能性も問題になってきた。国際社会における持続可能な社会への主な動きを整理したのが、次の表（表8）である。

　「持続可能な社会」あるいは「消費者市民社会」の概念の中心コンセプトである「持続可能性」の考え方は、1987年、国連の「環境と開発に関する世界委員会」（WCED=World Commission on Environment and Development）（委員長：ブルントラント・ノルウェー首相（当時））が1987年に公表した報告書「Our Common Future」において「持続可能な開発」という考え方を提唱したことに始まる*4。同報告書では環境汚染と破壊の未来への脅威を述べ、いまや人類は、こうした開発と環境の悪循環から脱却し、環境・資源基盤を保全しつつ開発を進める「持続可能な開発」の道程に移行することが必要であるとしたのである*5。

　1992年の国連地球サミット（国連環境開発会議）ではこの考え方をもと

第5章　消費者市民社会と消費者

表8　持続可能な社会への国際的取組み

1987年	国連「環境と開発に関する世界委員会」（ブルントラント委員会）「我ら共有の未来」（「持続可能な開発」を定義）
1992年	国連環境開発会議（地球サミット）（「持続可能な消費」概念の提起）
1992年	国連「消費者保護ガイドライン」に「持続可能な消費」追加
1993年	CI（国際消費者機構）政策文書「持続可能な消費への転換」公表
1994年	オスロ持続可能な消費シンポジウム（「持続可能な消費」を定義）
2000年	地球憲章（地球環境の保全から持続可能な未来という人類の持続可能性へ）
2002年	持続可能な開発に関する世界首脳会議（ヨハネスブルク・サミット）
2005年	国連「持続可能な発展のための教育の10年」
2008年	首脳会議「マラケシュ・タスクフォース」（持続発展教育（ESC）カリキュラムのガイドラインを発表）
2010年	ISO26000（組織の社会的責任）策定*3
2012年	国連「持続可能な開発会議」（「持続可能な消費と生産の10年枠組み」を確認）
2015年	国連「持続可能な開発のための2030アジェンダ」

出所：筆者作成。

に「環境と開発に関するリオ宣言」や「持続可能な社会の構築」をめざす「アジェンダ21」が合意された*6。また、さらに「持続可能な消費」の概念も提案されるようになり、1994年オスロ持続可能な消費シンポジウムでは、「将来世代のニーズを危険にさらさないよう、自然資源、有害物質及び廃棄物、汚染物質の排出を最小限に抑えつつ、基本的ニーズに対応し、より良い生活の質をもたらす財及びサービスの使用」と定義している。

　当初、持続可能な社会に関わる問題意識は環境であり、それを防ぐための「持続可能な開発」が問題とされた。その後、持続可能な社会に関わる問題意識は環境以外にも拡大していく。2002年のヨハネスブルク宣言では、「宣言5」で「我々は、持続可能な開発の、相互に依存しかつ相互に補完的な支柱、即ち、経済開発、社会開発及び環境保護を、地方、国、地域及び世界的レベルで更に推進し強化するとの共同の責任を負うものである。」、「宣言8」で「リオ原則に基づき、環境保全と社会・経済開発が、

持続可能な開発の基本であることに合意」し、「持続可能な開発」を環境のみならず、経済、社会にまで広げている。

また、2015年9月25日の「持続可能な開発サミット」で採択された「持続可能な開発のための2030アジェンダ」の中には一連の持続可能な開発目標（SDGs=Sustainable Development Goals）」が含まれ*7、そこには2015年までに世界が達成を約束した8つの貧困対策目標を土台として17の目標を定め、そのなかには資源、気候変動、エネルギー、飢餓、健康・福祉、衛生、経済、不平等、ジェンダー平等など国際社会における現在の多様な課題が含まれ、消費者の行動にも関わる「持続可能な生産消費形態を促進する」も盛り込まれている（表9）*8。

表9 持続可能な開発目標（SDGs=Sustainable Development Goals）

2015年の9月25日～27日、ニューヨーク国連本部において、「国連持続可能な開発サミット」が開催され、150を超える加盟国首脳の参加のもと、その成果文書として、「我々の世界を変革する：持続可能な開発のための2030アジェンダ」が採択された。

アジェンダは、人間、地球及び繁栄のための行動計画として、宣言および目標をかかげ、この目標が、ミレニアム開発目標（MDGs）の後継であり、17の目標と169のターゲットからなる「持続可能な開発目標（SDGs）」である。

17の目標は次のとおりである。
1 あらゆる場所のあらゆる形態の貧困を終わらせる
2 飢餓を終わらせ、栄養を改善し、持続可能な農業を推進する
3 あらゆる年齢の全ての人の健康な生活を確保し、福祉を推進する
4 全ての人への衡平な質の高い教育と生涯学習の機会を提供する。
5 世界中で女性と少女を力づけ（empower）、ジェンダー平等を実現する
6 全ての人に持続可能な水の使用と衛生を保障する
7 全ての人の、安価かつ信頼できる持続可能な現代的エネルギーへのアクセスを保障する。
8 包摂的で持続可能な経済成長を促進し、すべての人への完全で生産的な雇用とディーセント・ワーク（適切な雇用）を 提供する。
9 レジリエントなインフラ構築、包摂的かつ持続可能な産業化の促進、イノベーションの拡大を図る。
10 国内及び国家間の不平等を減少させる。
11 都市と人間居住を包摂的で安全かつ持続可能なものにする

第5章　消費者市民社会と消費者

12 生産と消費のパターンを持続可能なものにすることを促進する。
13 気候変動とその影響を軽減するための緊急対策を講じる
14 海、大洋と海洋資源を保全し、持続可能な利用を促進する。
15 陸域生態系を保護し、持続可能な利用を促進し、森林の持続可能な管理、砂漠化への対処、土地の劣化、生物多様性の喪失を止める。
16 平和的で包摂的な社会とすべての人の司法へのアクセスを達成し、あらゆるレベルで効率的で説明責任ある能力の高い行政機構を実現する。
17 実施手段と持続可能な開発への地球規模のパートナーシップを強化する

出所：国際連合広報センター*9をもとに筆者作成

国の政策として持続可能な社会が視野に

現在、国のさまざまな政策にも「持続可能な社会」を視野に入れるものも現れるようになっている。ドイツでは2002年に「"持続性"戦略」を打ち出し、「環境、経済そして社会との間の理想的なバランス、時代に即したものであると同時に来るべき世代の観点、地域、国のみならず、グローバルなレベルでの影響などが考慮されるべき」として、「持続的な発展評議会（RNE=Der Rat für Nachhaltige Entwicklung）が、この戦略における諮問機関として連邦政府のサポートに当たっている」（消費者庁, 2013c:41-42）*10。日本においても2015年に策定された消費者基本計画において初めて、今後の消費者政策の基本方針にめざすべき姿として「消費者が、公正で持続可能な社会の形成に積極的に参画する社会」を提示したところである（消費者庁, 2015b:8-9）。

このように現在、「持続可能性」を共通の要素として、「持続可能な社会」、「持続可能な開発」、「持続可能な消費」そして「消費者市民社会」などの概念がさまざまな場面でめざすべき経済、社会や環境のあり方として使用されるようになっている。そこでは政府や企業のみならず消費者の役割に注目が集まるようになっている*11。

日本では「持続可能な社会」について、1993年に環境基本法（平成5年11月19日法律第91号）が成立し、同法にもとづき策定された最新の「第4次環境基本計画」のなかでは、「人の健康や生態系に対するリスクが十分に低減され、『安全』が確保されることを前提として、『低炭素』・『循環』・

『自然共生』の各分野が、各主体の参加の下で、統合的に達成され、健全で恵み豊かな環境が地球規模から身近な地域までにわたって保全される社会」と定義している*12。また2012年に成立した消費者教育推進法では、消費者教育の定義のなかで「持続可能な社会」の概念を組み込んだ「消費者市民社会」の概念を用い、「消費者が、個々の消費者の特性及び消費生活の多様性を相互に尊重しつつ、自らの消費生活に関する行動が現在及び将来の世代にわたって内外の社会経済情勢及び地球環境に影響を及ぼし得るものであることを自覚して、公正かつ持続可能な社会の形成に積極的に参画する社会」としている*13。

2．持続可能な社会に向けた消費者としての行動への期待

これら一連の「持続可能な社会」あるいは「消費者市民社会」の構築に向けた消費者への期待は消費者政策における消費者の位置づけの見直しを迫るものである。これらの概念の登場は、「消費者主権という考え方との共通点が見出せる」(西村多嘉子, 2010:17) とし、消費者の「『社会の主体』としての意識と行動を育てる環境が徐々に整備されてきた」(西村多嘉子, 2010:15-16) といわれる。またこの考え方は「消費者の範疇をこえて、非消費者までも含めた市民 (Citizen) が人間と環境を守ろう」とするものであり、「私益偏重から公益重視」の考え方を示している (呉, 2005:32-33) ともいわれる。このように、現在、消費者には市場における主権者として単に市場の健全化に向けた行動に留まるものではなく、持続可能な社会に向けた市民としての行動が期待されているのが特徴であり、その背景にあるのは、今日の社会・環境の状況が、消費者が社会や環境を考えた行動をしなければ持続可能な社会は実現できないとの危機感があるからである。そして「消費は持続可能なものでなければならない。それは企業の努力だけでは達成できない。消費者が積極的な関心を持つことがなければ、実現しない」(谷本, 2013:60) からである。

持続可能な社会に向けた消費者の行動には多様なものが存在し、環境配慮あるいはフェアトレードによる商品購入の例などがよく知られている。ほかにも例えば企業の労働問題に対して、消費者や市民が不買行動や問題提起をする例などもある。著名なものに1997年のナイキの労働問題の事例

がある。NGO等から企業のサプライチェーンにおける労働問題が指摘され、消費者の不買運動などが行われた。このようなNGOや消費者の行動によって企業の社会的責任を追及する例*14は消費者のマイナスの評価としての不買行動と言えるが、消費者は企業の商品・サービスへのプラスの評価としての購買行動*15によって、持続可能な社会における役割を果たすこともできる（谷本, 2013:221; 古谷, 2010:139）。

　市場において消費者は自己利益の実現のための行動が想定されているが、今日では未来に向けた持続可能な社会への行動も期待されるようになっているのである。

「持続可能な消費」における消費者への期待と課題
　持続可能な社会の形成に消費者が積極的に関わる必要性が強調されるにしたがって、消費者の「持続可能な消費」に熱い期待が寄せられ、ファアトレードやエシカル消費などの動きも出始めている。しかし、その論調は消費者の意識や行動を問題にするものが多い。

　持続可能な消費が持続可能な社会の形成にとって重要であることは今やだれも疑わないだろう。しかし、消費者にそれを問うことに熱心になりすぎている懸念もある。消費者の啓発や教育ばかりに頼るのは問題の本質的解決になるのだろうか。

　なぜこのような事態になるのか。「持続可能な消費」における消費者への期待の多くは消費者が市場で積極的役割を果たすことを期待するのであるが、それは市場における消費者の一側面を見ることである。しかし、消費者には市場との関係で二つの側面があるのであり、それを考慮しないことで、さまざまな問題が起きていると考える。消費者の実態を十分考慮しないで、消費者の一側面のみを強調することは問題解決にはならないどころか、消費者への過剰な負担をかけてしまうという問題もある。

　主な問題として三点ある。
　第一に「持続可能な消費」の領域が限定的になりかねない問題である。
　現在「持続可能な消費」で語られる事例は消費者が市場に影響を及ぼす側面を強調し、影響を受ける側面からのアプローチがないことで、持続可能な社会にとって基礎的な消費者の安全など消費者の権利確保や被害救済にかかわる事例が取り上げられていないという問題がある。

第二に、消費者が市場に影響力を行使することが必要であるとしても、そのためには企業の商品の提供や選択のための情報開示などの条件が必要であることが軽視される問題がある。

　消費者が市場から影響を受けている側面を考慮すると、消費者が役割を果たすための環境整備が不可欠であることがわかる。しかし、それらを考慮しないまま、消費者の役割のみにフォーカスすることで、消費者に過剰な負担を要求することにもなりかねない。

　第三に、「持続可能な消費」の基本的な責任主体は消費者であることはいうまでもないが、他の主体にも責任があることを見えにくくするという問題がある。

　消費者は市場での影響を受ける存在であることを考慮すると、消費者の行動を支えるために他の主体には責任があり、消費者の役割のみを強調することで他の主体の責任が隠れてしまうのである。

　順に考察しよう。

「持続可能な消費」の領域を考える

　現在「持続可能な消費」の研究*16や実践として一般的に取り上げられる事例には、環境配慮、フェアトレード、エシカル消費（倫理的消費）がある。これらは消費者が市場に影響を及ぼすという側面にフォーカスしており、もう一方の側面を考慮しないことから、消費者が市場から影響を受ける問題が「持続可能な消費」の事例に挙げられていないという問題が生じている（コラム1）。

　消費者団体の国際連絡組織である国際消費者機構（CI=Consumers International）は、「消費者保護は持続可能な開発に向けて重要である。」、「市場における消費者の権利を支援することによって安全で公正な商品やサービスを受け取ることができる。消費者の保護は持続可能な開発のためのゴールをサポートする要素となる。」*17と述べているように、消費者の安全や公正な商品・サービスなどは持続可能な社会にとっての基本的な要素である。「持続可能な消費」についての従来の考察はこのような消費者が市場から影響を受ける側面に関わる問題がほとんど取り上げられていない。たとえば昨今始まった消費者市民教育において、「持続可能な消費」の事例として取

第5章　消費者市民社会と消費者

> **コラム1**　消費者被害防止と持続可能な消費
> 「消費者被害防止」を持続可能な消費のスコープから考えると「社会」ということになる。人々が安心して暮らせるということは持続可能な社会のために必須であり、消費者がこのような社会面を考慮することで消費者被害の防止に貢献することができる。
> 　具体的な行動としては、商品・サービスの購入にあたって、消費者被害の発生につながらないために、商品等の表示を見る、企業の一方的な情報のみで判断しない、被害があったときには企業や消費生活センターに申し出るなどが考えられる。
> 　　　　　　　　　　　　　　　　　　　　　　　　　出所：筆者作成。

り上げられているのは、フェアトレードなど消費者の役割を強調するものがほとんどである。

「持続可能な消費」の条件を考える

市場において消費者の影響力の行使は重要であるとしても、そのことのみを主張するだけでは「持続可能な消費」は促進できないのではないか。なぜなら消費者が問題を認識して行動するためには、現在市場で置かれている消費者の立場を踏まえた一定の条件が必要だからである。

第一に、企業による「持続可能な消費」に関係する商品提供が必要である。

現在の経済社会においては、市場にある商品・サービスの中から消費者は自己のニーズにあった商品等を選択するという関係にある。消費者の行動のためにはまず企業による「持続可能な消費」に関わる商品等の提供が必要になる。消費者がフェアトレード商品を買おうとしても近くのスーパーやコンビニエンスで見つけることが難しいことも多い。持続可能な商品自体が提供されていなければ購入はできない。

第二に、関係主体からの情報提供が必要である。

消費者は市場においては企業の情報に依存しており、企業との間に情報格差等があることから、企業の情報開示等の環境整備が必要になる。

「持続可能な消費」を可能にするための情報としては、一つには持続可能な消費に関する商品等がどこにあるかの情報である。二つには何が持続可能性に関わるかの情報だ。たとえば低価格の衣料品が海外の安い労働力

や劣悪な労働環境に起因している場合に、消費者はそれらの情報を知らなければ、低価格を選択するだろう。結果的に問題企業の人権侵害に加担することになるといわれても知らなければ対処のしようがないし、良い取り組みをしている企業を評価して商品を買うことも難しい。なお、情報開示の主体は企業には限らない。課題を知っている市民組織のこともあるし、政府や自治体のこともあるだろう。

また、情報は存在するだけでは足りない。市場おける企業と消費者の力の差はその情報の信頼性に疑義を生じさせることもある。いかに信頼できる情報を提供できるかが求められることになる。

情報の信頼性について、過去に問題になった事例として、古紙配合率偽装（2008年）や自動車の燃費不正事件（2016年）などがある。古紙配合率偽装は、2008年に古紙を混ぜる割合を製紙各社が偽っていたことが発覚し、大きな社会問題となり、複写機メーカーなど顧客企業がコピー用紙の取引を中止するなど不買の動きも出た事件である（朝日新聞、2008年2月4日付け）。この問題は企業の「持続可能な生産」が問われる問題でもある。

「持続可能な消費」の責任主体を考える

「持続可能な消費」の責任主体として消費者が挙げられるのは当然であるが、消費者が市場から影響を受ける側面を考慮すると、消費者の意識や行動を熟すのを待っていることだけでは十分ではないことから、他の主体が果たすべき役割が大きい。また「持続可能な消費」の取組みは「消費構造と生産構造の転換」（花田・中原, 2015:24）でもあり、消費者のみでの実現は困難である。

しかし、「持続可能な消費」に関する研究や実践のほとんどは消費者が市場に影響を及ぼす行動にフォーカスしていることから、他の主体の責任についての考察は十分ではない。「持続可能な消費」の責任主体を明記する注目すべきものに「国連消費者保護ガイドライン」がある。そこには「持続可能な消費」は「社会における全ての人々及び団体によって共有される」として、責任主体として、「消費者」を挙げず＊18、「情報がある消費者」、「加盟国」、「事業者」、「労働団体、そして特に重要な役割を果たす消費者団体及び環境団体」の責任を明記している（UN, 2016: 16-18）。

それぞれの主体の責任内容は次のように記述されている。

第5章　消費者市民社会と消費者

　<u>知識のある消費者</u>は、その選択が生産者に及ぼす影響等により、環境的、経済的及び社会的に持続可能な消費を促す上で重要な役割を担う。加盟国は、持続可能な消費のための政策を策定及び実施し、同政策と他の公共政策との統合を促進すべきである。加盟国の政策立案は、事業者、消費者及び環境団体並びにその他の関係団体と協議の上で実施されるべきである。<u>事業者</u>は、物品・サービスの設計、生産、流通を通して、持続可能な消費を促進する責任を負う。<u>消費者団体及び環境団体</u>は、持続可能な消費に関して一般の人々の参加と議論を促し、消費者に情報を提供し、また、持続可能な消費に向けて加盟国及び企業と協力して取り組む責任がある。　　　　　　　　（下線は筆者）

3．SDGsを「持続可能な生産消費」を起点に見る

　SDGsには17の目標が掲げられているが、そこに掲げられた目標に取り組み解決していくためにはさまざまな工夫や知恵が必要である。私たちの社会は商品・サービスを中心とした商品社会である。そこで、一つの実践の方法として、企業が商品を提供し、消費者が商品を使用・消費等を行うというシステム、つまりSDGsの目標12の「持続可能な生産消費形態を確保する」を中心にすることで、現在の社会課題の多くを解決していくことができるのではないかと考える。

　17の目標が示す課題の多くは企業活動に伴うものであり、消費者は企業のそれらの影響や活動を評価して購入するかどうかを決定することが可能である。企業は原料調達から生産・製造工程などのプロセスのなかで課題を発見し、企業の事業の中で取り込み、消費者はこれらのプロセスの情報を入手することで評価し選択していくことができると考える。この提案をイメージとして図にしたのが下記図（図16）である。

　なお、目標12のターゲットのなかには「12.7持続可能な公共調達の慣行を促進する」があり、消費者の消費のみならず、政府や地方自治体、さらに企業が持続可能性を基準に調達することが含まれることから、さらにその他の目標に大きく関わっていることがわかる。目標12を中心に他の目標を考える方法は有益であろう。

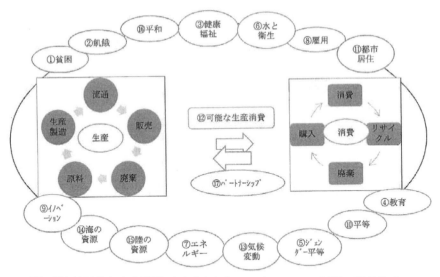

図16「持続可能な生産消費」を中心にしたSDGsについて　出所：筆者作成。

企業の「持続可能性」への取組み

　持続可能な社会への企業の取り組みについては、2003年を境に顕著な動きを見せる。川村（2015）は「2003年は、日本企業が経営レベルでCSRを考えるようになった『CSR経営元年』」、「象徴的だったのは、リコーが同年1月1日に社長直轄のCSR室を設置し、CSR担当役員を任命したことである。続いて、帝人、ボーダフォン（当時）、ソニー、松下電器産業（当時）、ユニ・チャームなどもCSR経営への転換を機関決定した」と指摘する（川村、2015:27）。企業の取組みも当初は環境が中心であったが、その後、国際社会の動向に合わせるように、国連グローバル・コンパクト*19への署名やISO26000（表10）の導入などにより、環境以外の経済や社会課題にも取り組むようになっている。

　ISO26000における消費者関連には、7つの中核主題の1つに「消費者課題」が盛り込まれていることから、多くの企業のCSR報告書などには「消費者課題」についての記述が見られるようになっている。しかし、取り組み内容を見ると、従来からの対応や品質に関わる内容がほとんどであり、持続可能性に関わる課題として捉えているかどうかは明確ではないこ

東大全共闘と社会主義　〔全5巻〕

"かずには死ねない！"当事者による東大全共闘運動の総括と、社会主義社会への展望を提示

❖第1巻　国家と戦争、そして暴力
　　　　　　　　　　　　　高口英茂著　本体 2,200円

国家と戦争の来歴、全共闘運動・新左翼運動の一つの側面である「暴力」について論ずる。

❖第2巻　所有および差別の起原と家族の来歴
　　　　　　　　　　　　　高口英茂著　本体 2,500円

1970年代のポスト全共闘運動期に取り組まれた差別撤廃闘争、フェミニズム低調の要因、家族のあり方について論ずる。

❖第3巻　資本制社会の形成とその発展
　　　　　　　　　　　　　高口英茂著　本体 2,500円

なぜ資本主義が世界を席巻できたのか、ウォーラーステインの資本主義観やさまざまな論争を整理しつつ考える。

❖第4巻　戦後の資本主義化の進行と持続
　　　　　　　　　　高口英茂著　A5判　本体 2,500円

戦後の社会主義運動が頓挫した理由、資本主義システムに重要な役割を果たした「金融」の摩訶不思議などを論ずる。

❖第5巻　東大全共闘運動の総括と社会主義社会への展望
　　　　　　　　　　　　　高口英茂著　本体 2,300円

まもなく50周年を迎える東大全共闘運動を自らの体験に基づいて総括。小熊英二の著書『1968』を全面批判する。

芙蓉書房出版
〒113-0033
東京都文京区本郷3-3-13
http://www.fuyoshobo.co.jp
TEL. 03-3813-4466
FAX. 03-3813-4615

芙蓉書房出版の本　　※本体価格

消費者志向の経営戦略
　　　　　　　　　古谷由紀子著　本体 1,800円

企業活動を消費者利益と調和させ、消費者の支持と信頼のもとに成功を収める時代がすぐそこに来ている。調査活動や、さまざまな企業の消費者志向経営への参画のなかで築いてきたノウハウや情報に基づいて企業戦略に不可欠の〈本物の消費者志向経営〉とは何かを示す。

地域活性化政策とイノベーション
　EU主要国の事例研究　　　　　本体 2,500円
　　　　　法政大学地域研究センター・岡本義行編

ヨーロッパでは地域活性化にどのように取り組んでいるのか？　EU主要国の研究者を招いて毎年開催されている国際シンポジウムの成果が初めて書籍化された。地域振興政策づくりには、地域活性化のメカニズムの理論的理解が不可欠。地域活性化の成功事例、産業クラスターの創出・育成、これからの課題などを議論。

地域活性化の情報戦略
　　　　　　　　　安藤明之編彦著　本体 2,000円

2040年までに全国の自治体の半分が消滅する？大都市優位の流れの中で地域創生・地域活性化のためのICTなどの情報の戦略的活用事例を紹介。

地域メディア・エコロジー論
地域情報生成過程の変容分析
牛山佳菜代著　本体 2,800円

インターネットの急速な浸透により、従来型の地域メディア(地域紙、タウン誌、CATV、自治体広報など)の使命は終わったのか？　コミュニティFM、フリーペーパー、地域ポータルサイト、地域SNS、インターネット放送、携帯電話を利用した情報サービス等、多様な媒体を活用した取組みが全国各地で行われているいま、「多数のメディアが独自の役割で棲み分けて共存する」というメディア・エコロジー」の視点から、新たな地域活性化の姿を提示する。

地球の住まい方見聞録
山中知彦著　本体 2,700円

新潟から世界各地を巡り FUKUSHIMA へ。36年をかけた「世界一周」の旅を通し、地域から世界の欧米化を問い直す異色の紀行エッセイ。「住まい方」という視点で描かれたさまざまな地域像を通して、これからの地域づくりを考える

もどれない故郷(ふるさと)ながどろ
飯舘村帰還困難区域の記憶
長泥記録誌編集委員会編　本体 2,400円

福島第一原発事故による高い放射線量のため、今でも「帰還困難」となっている飯舘村長泥行政区の74世帯281人の住民たちが、「風化しつつある長泥の生活の記憶を子どもや孫に伝えたい」「原発事故被災地の姿を後世に伝えたい」と、本書の刊行を企画した。300点の写真と、大学教員、ジャーナリスト、自治体職員らによる聞き書きで構成。

江戸落語図鑑
落語国のいとなみ
飯田泰子著　本体 1,800円

古典落語50席を題材に、江戸人の「仕事・遊び・暮らし」を絵解きする。図版350点。
★噺のポイントや時代背景がわかる「コラム」がたっぷり★

江戸落語図鑑 2
落語国の町並み
飯田泰子著　本体 1,800円

古典落語50席を題材に、舞台となった江戸の町の姿を絵解きする。図版300点。
★町人や武家が暮らす町から色町、芝居町、盛り場、祭りまで、全編にあふれる落語国の住民★

江戸落語図鑑 3
落語国の人びと
飯田泰子著　本体 1,800円

落語に登場するキャラクターの魅力を86席の古典落語とともに味わえる一冊。図版350点。
★八つぁん、熊さん、ご隠居さん、若旦那、お奉行様から幽霊、猫まで全編に躍動する★

とが多い。また「持続可能な消費」を取り上げている例はほとんどなく、また課題への取り組みに不可欠な消費者とのダイアログやエンゲージメントはまだ事例が少ないのが実態である。

表10　ISO26000「消費者課題」

組織の社会的責任の規格であるISO26000では、組織の持続可能な社会への取組課題として「消費者課題」をあげており、これらの課題への取組みを通して「消費者利益の確保」を図ることができる。

取り上げられている消費者課題は次の7つである。
①公正なマーケティング、事実に即した偏りのない情報、及び公正な契約慣行
②消費者の安全衛生の保護
③持続可能な消費
④消費者に対するサービス、支援、並びに苦情及び紛争の解決
⑤消費者データ保護及びプライバシー
⑥必要不可欠なサービスへのアクセス
⑦教育及び意識向上

出所:日本規格協会編, 2011:46-164。

企業におけるSDGsへの取組みとしては、2015年、「SDG Compass (SDGsの企業行動指針―SDGsを企業はどう活用するか―)」がある。これはGRI、国連グローバル・コンパクトおよび持続可能な開発のための世界経済人会議（WBCSD）によって、各企業の事業にSDGsがもたらす影響を解説するとともに、持続可能性を　企業の戦略の中心に据えるためのツールと知識を提供するものとして開発されたものである＊20。そして企業になかにはSDGsに言及する企業＊21も出始め、さらなる進展を見せている。

註
＊1 Consumer Citizenshipa（消費者市民）は、1990年代に北欧、主としてノルウェーを拠点にしたネットワークによって提唱され、「消費者が選択において倫理的、社会的、経済的、環境的な考慮によって、持続可能な社会への貢献すること」を求めるものである。

Consumer Citizenship Network(CCN)
https://hihm.no/prosjektsider/ccn/consumer-citizenship-network(2016.11.29)。
*2 外務省（2002），『持続可能な開発に関するヨハネスブルク宣言(仮訳)』。
http://www.mofa.go.jp/mofaj/gaiko/kankyo/wssd/sengen.html(2016.12.15)。
*3 2010年11月に「組織の社会的責任に関する手引き」として発行されたものである（日本規格協会編，2011）。
*4 その前にも、1972年6月に世界113ヶ国の代表が参加して、ストックホルム（スウェーデン）で開催された環境問題についての最初の世界的なハイレベル政府間会合「国連人間環境会議」がある。会議テーマの"かけがえのない地球（Only One Earth)"は、環境問題が地球規模、人類共通の課題になってきたことをあらわすものとして有名である（EICネット）。
http://www.eic.or.jp/ecoterm/?act=view&ecoword=%B9%F1%CF%A2%BF%CD%B4%D6%B4%C4%B6%AD%B2%F1%B5%C4(2016.12.15)。

また、1980年の「世界保全戦略」では、国際自然保護連合（IUCN）が国連環境計画（UNEP）の委託により、世界自然基金（WWF）などの協力を得て作成した地球環境保全と自然保護の指針を示している。副題は「持続可能な開発のための生物資源の保全」となっており、国連人間環境会議（1972年）の人間環境宣言や行動計画に示された原理を発展させ、具体的な行動指針として展開している（EICネット）。
http://www.eic.or.jp/ecoterm/?act=view&serial=1525(2016.12.15)。
*5 報告書の正式名称は「Report of the World Commission on Environment and Development: Our Common Future」（United Nations WCED ,1987）である。
*6 「アジェンダ21」とは、「環境と開発に関するリオ宣言の諸原則を実施するための行動プログラム」であり、環境・開発の両面にわたる4分野（社会経済的側面、開発資源の保護と管理、女性をはじめとする各主体の役割のあり方、実施手段）の40項目について幅広く各国の行動のあり方をとりまとめている。
http://www.mofa.go.jp/mofaj/gaiko/kankyo/sogo/kaihatsu.html(2016.11.10)。
「持続可能な開発」の概念は、ほかにも、2005年から開始された「国連持続可能な開発のための教育（ESD=Education for Sustainable Development）の10年」や2010年発行のISO26000「組織の社会的責任」のなかでも使用されている（日本規格協会編，2011）。
*7 SDGsの採択の前に、2000年9月、ニューヨークの国連本部で開催された国連ミレニアム・サミットに参加した147の国家元首を含む189の国連加盟国代表が、21世紀の国際社会の目標として、より安全で豊かな世界づくりへの協力を約束する「国連ミレニアム宣言」を採択した。この宣言と1990年代に開催された主

第5章 消費者市民社会と消費者

要な国際会議やサミットでの開発目標をまとめた「ミレニアム開発目標（MDGs =Millennium Development Goals)」がある。MDGsは国際社会の支援を必要とする課題に対して2015年までに達成するという期限付きの8つの目標、21のターゲット、60の指標を掲げている。8つの目標は環境以外にも貧困、初等教育、ジェンダー平等などが挙がっている。
http://www.jp.undp.org/content/tokyo/ja/home/sdg/mdgoverview/mdgs.html（2016.12.10）。

＊8 国連開発計画（UNDP= United Nations Development Programme）
http://www.unic.or.jp/activities/economic_social_development/sustainable_development/2030agenda/（2016.10.31）。

＊9 国際連合広報センター，『持続可能な開発目標(SDGs)とは』。
http://www.unic.or.jp/activities/economic_social_development/sustainable_development/2030agenda/（2016.11.22）。

＊10 持続的な発展評議会（RNE=Der Rat für Nachhaltige Entwicklung）
https://www.nachhaltigkeitsrat.de/（2016.12.15）。

＊11 なお、「現在殆どの企業は、『サステナブルな商品の選択を行う』という責任を消費者に転嫁している」との指摘もある（バートンほか, 2010:13）が、本論文においても事業者の責任を論ずることなく消費者の役割を強調することは問題とするものである。

＊12 1993年に成立した環境基本法にもとづき、これまでに3回（1994年、2000年、2006年）環境基本計画が策定され、2012年に第4次の環境基本計画が策定された。環境省（2012），『第4次環境基本計画』（平成24年4月27日）。
https://www.env.go.jp/policy/kihon_keikaku/plan/plan_4/attach/ca_app.pdf(2016.12.12)。

＊13 消費者教育推進法第2条第2項。
「消費者市民社会」については、すでに2008年の「平成20年版国民生活白書」のなかで、「個人が、消費者・生活者としての役割において、社会問題、多様性、世界情勢、将来世代の状況などを考慮することによって、社会の発展と改善に積極的に参加する社会」と定義している。ここでは「持続可能な社会」については環境のみならず社会問題も含めて捉えていることがわかる。また「消費者市民社会（Consumer Citizenship）」という考えはすでに欧米において生まれているとしているとしている（内閣府, 2008a:2）。

＊14 これは、ナイキが委託する東南アジアの工場で、低賃金や劣悪な環境での長時間労働、児童労働、強制労働が発覚した事例である。総会での労働運動家の抗議、さらには米国のNGOなどがナイキの社会的責任を追及し、世界的な製品

の不買運動が起こった（Post, 2001, 谷本監訳, 2012b:282-296; 藤井, 2005:141; Paine, 2014:87; 有賀訳, 2014:64）。

*15 「不祥事を起こした企業の商品やサービスに対する『ボイコット』（=不買運動）は日本でも有名だが、進んだ取り組みを行う企業の商品やサービスの購入を通して、そうした企業を応援し、他の企業にも取り組みを促していくアプローチを『バイコット』と呼ぶ」。そして消費者の影響力を視野に入れ、消費者としての生活者に行動を促すものに「Shopping for a Better World」（1986年アメリカの環境保護NGOが発行した買い物ガイド）などがある（田村, 2011:28）。

*16 「持続可能な消費」に関する研究は多様なアプローチで行われている。持続可能な消費政策（T. Jackson and L. Michaelis, 2003など）、ライフスタイル（F. Duchin and K. Hubacek, 2003, 青柳, 2011, 高瀬ほか, 2006など）、消費行動（W. Young, et.al., 2009, A. Gilg.et.al., 2005, 花田・中原, 2015など）、環境・消費者教育（G. seyfang, 2005; 上村ほか, 2011; 柿野, 2013など）、マーケティング（W. Kilbourne, 2004; 九里, 2011など）などがある。

*17 http://www.consumersinternational.org/our-work/consumer-protection-and-law/key-projects/sustainable-development-goals/（2017.01.13）。

*18 国連消費者保護ガイドラインには責任主体として「消費者」を明記せず、「知識のある消費者」を記述するのみである。

*19 「国連グローバル・コンパクト（UNGC）は、各企業・団体が責任ある創造的なリーダーシップを発揮することによって、社会の良き一員として行動し、持続可能な成長を実現するための世界的な枠組み作りに参加する自発的な取り組み」である。「UNGCは、1999年の世界経済フォーラム（ダボス会議）の席上でコフィー・アナン国連事務総長（当時）が提唱し、潘基文現国連事務総長も明確な支持を表明しているイニシアチブ」である。2016年11月29日時点で236企業・団体が加入している。
グローバル・コンパクト・ネットワーク・ジャパン。
http://ungcjn.org/gc/index.html（2016.12.15）。

*20 http://ungcjn.org/gc/pdf/SDG_COMPASS_Jpn.pdf（2016.12.15）。

*21 企業がSDGsに言及しているものとして、サラヤや伊藤園の例がある。サラヤの「持続可能性レポート2016」にはサプライチェーンも含めたSDGsへの対応が記述されており、伊藤園の「伊藤園統合レポート2016」のトップメッセージには「社会課題の整理にはSDGsも参照し、当社グループに関連する社会課題の理解をさらに深めていきます。」と対応姿勢を示している。
http://www.saraya.com/csr/report/images/report2016.pdf（2016.12.19）。
http://www.itoen.co.jp/files/user/pdf/company/corporatebook/backnumber/2016/ito

第 5 章　消費者市民社会と消費者

en_report_all_2016.pdf(2016.12.19)。

第6章
消費者を支援する消費者教育

　市場における消費者の実態は消費者の権利を生み出し、その後、市場の活性化、さらには持続可能な社会の形成に対して、消費者は責任ある主体としての役割が期待されるようになっている。消費者への要求は時代により政策により大きな変化を遂げてきた。このような消費者への要求の変化は必然的に消費者教育の内容にも大きな影響を与えている。
　本章ではこれまでの消費者教育の変化を踏まえながら、消費者教育の定義、政策上の位置付け、内容などを諸外国の例とも比較しながら考察していく。

1．消費者教育の変遷

消費者教育は「自立の支援」か
　2004年に制定された消費者基本法は消費者教育をはじめとする「消費者の権利の尊重」と「消費者の自立の支援」を理念としている。そして、2012年に成立した消費者教育推進法は、消費者教育の定義を定め、「消費者の自立を支援するために行われる消費生活に関する教育（消費者が主体的に消費者市民社会の形成に参画することの重要性について理解及び関心を深めるための教育を含む。）及びこれに準ずる啓発活動をいう。」（同法第2条第1項）とした。
　まず、消費者教育に関する消費者基本法の内容を確認してみよう。同法は、「消費者教育」を消費者の権利であるとしている。そして消費者政策が「消費者が自らの利益の擁護及び増進のため自主的かつ合理的に行動することができるよう消費者の自立を支援することを基本として行われなければならない。」と規定する。さらに消費者の役割として、「消費者は、自ら進んで、その消費生活に関して、必要な知識を修得し、及び必要な情報を収集する等自主的かつ合理的に行動するよう努めなければならない。」＊1

とも規定する。

　そこで、消費者基本法成立の翌年の「消費者基本計画」（消費者庁,2010: 5）は、消費者教育について、「政府は、消費者が自ら進んで、その消費生活に関し必要な知識を習得し、必要な情報を収集するなど自主的かつ合理的に行動することを支援する」と記述している。これは消費者基本法における「消費者の自立」と「消費者の役割」に関わる規定を総合的に解釈して記述したものと考えられる。

　しかし、その後、消費者教育推進法によって消費者教育の概念が定義されたことから、2015年に策定された「消費者基本計画」（消費者庁, 2015b:25）は、当然ながら消費者教育推進法に沿って記述されている。したがって、消費者教育の定義は消費者教育推進法の成立前後で異なっていることになる。もちろん、2010年の消費者教育の内容と2015年の消費者教育の定義は「自立の支援」という大枠では共通しているが、その実質の内容は異なっている。同法成立の前は「自己」に関わることのみを規定し、同法成立後は「消費者市民社会の形成に参画する」という他者や社会に関わることを含んだものになっているからである。消費者教育を同じ「自立の支援」としながら、その自立の内容を変更しているのである。

消費者市民社会における消費者像と消費者教育

　消費者教育を実施するにあたっては、どのような消費者を目指すのかが明らかにされなければならない。

　消費者教育推進法の成立後の「消費者教育の推進に関する基本方針」（以下、「基本方針」という）*2は、消費者市民社会における消費者像と消費者教育を次のように記述している（消費者庁, 2013b: 8）。

> 消費者市民社会の形成に寄与する消費者を育む消費者教育とは、被害に遭わない消費者、合理的意思決定ができる自立した消費者にとどまらず、社会の一員として、よりよい市場とよりよい社会の発展のために積極的に関与する消費者を育成する教育を意味する

　この基本方針では、消費者市民社会の消費者像について、次の三つの要素を組み込んでいることがわかる。そしてこのような消費者を育成する教

第6章　消費者を支援する消費者教育

育を消費者教育であるとしていることになる。
　①被害に遇わない消費者
　②合理的意思決定ができる自立した消費者
　③社会の一員としてより良い市場とよりよい社会の発展のために積極的に関与する消費者
　本書の立場からいうと、消費者について、①は市場から影響を受ける側面を述べたものであり、②と③は市場に影響を及ぼす側面を述べたものである。言うまでもなくこれらの内容は個々の消費者に同時に備わっている、切り離せないものとして捉える必要がある。

2．「消費者の自立」、「自己責任」の登場と背景

　我が国の消費者政策は、長年にわたり、産業優先の政策が取られる中で、消費者被害等が発生したことから、「消費者保護」の必要性が認識されて、産業政策に付随する形で実施されてきた*3。しかし、1980年代、欧米での新自由主義が台頭し、日本でも第二次臨行政調査会*4から続く規制緩和の潮流を背景に消費者の権利が認められるようになってきた。
　そこで1985年の消費者保護会議においては、「情報を選択し活用するとともに主体的な生活態度を身につけた、『自立する消費者』を育成するための消費者への支援も新たな展開を要する施策」*5であることが明示され、初めて「自立する消費者」という消費者像が現れる。その後、1997年には「我が国経済社会の活力を維持・向上する観点から市場メカニズムを活用した規制緩和等を積極的に推進する一方で、こうした問題に対応するためには消費者と企業が自己責任に基づいて行動できる環境整備が必要不可欠である。すなわち、消費者政策の重心を消費者の保護から消費者の自立に対する支援へと移行」*6するとし、その後毎年のように「自己責任」の用語が使われるようになっている。そしてさらに、新たな消費者政策のグランドデザインとして「21世紀型の消費者政策の在り方」が2003年5月の国民生活審議会消費者政策部会報告として提示され、そこでは、消費者は「保護される者」から「自立した主体」として市場に参画して積極的に自らの利益を確保するよう行動する者、市場のプレイヤーへと位置づけられたのである。

このようにして、2004年成立の消費者基本法の理念に「消費者の権利の尊重」とともに「消費者の自立の支援」(同法第2条)が盛り込まれることになった。

消費者の自立をどう考えるか

消費者の自立をどう捉えるべきであろうか。岩村は、消費者基本法は「『権利の主体』＝『自立の主体』という考え方にもとづく」(岩本, 2013: 32)とし、さらに「日本の消費者は『すでに自立している』。消費者の『自立』とは、消費者が自ら選択し決定する自由を行使することであり、その意味において、日本の消費者は消費生活における自由を享受している。」とし、「同時に『自立していない／できない消費者』が存在することに目を向ける必要がある。未成年者(子ども)や判断能力不十分者がその一例である。EU(「不公正取引指令」,2005)では、こうした消費者を『脆弱な消費者(vulnerable consumer)』というカテゴリーで捉え、消費者保護政策において特別の配慮を必要としている。」と指摘する(岩本, 2013:37-38)＊7。

つまり「自立している消費者」と「自立していない／できない消費者」に分け、「自立していない／できない消費者」への配慮が必要であるとする。しかし、「自立している消費者」に消費者問題が発生しないというわけではなく、したがって政策が不要になるわけではなく、消費者教育が不要なわけでもない。「十分な消費者教育が実施され、消費者市民社会が実現されたとしても、一人一人の消費者と事業者の間にある情報や交渉力の格差は依然として存在」する(日本弁護士連合会, 2016:58)。前述したように消費者問題の発生要因は自立しているかどうかだけの問題ではないからである。

自己責任論の問題点

規制緩和の影響によって、消費者の自己責任論が噴出した。しかし、そもそも市場経済においては、消費者は自己利益の最大化を目指して行動すればよいとされ、それ以上に市場の一員としての役割は特段には求められていなかったはずである。この自己責任論についてはさまざまな観点から疑問が投げかけられている。

第6章　消費者を支援する消費者教育

　岩本は「自己責任原則」について、「自分のことは自分で」という近代市民社会の基本原理が、規制改革において、「市民の行動を規律するまったく新たな概念であるかのように喧伝されたことで、規制改革は市民生活に対しても少なからぬ影響を及ぼした」と指摘する（岩本, 2013:30）。

　また「『消費者市民社会』は『消費者の権利』だけではなく『消費者の責任』も前提……しかし、ここでいう『消費者の責任』は、消費者被害には消費者にも落ち度があるのだから消費者もある程度はその弊害を引き受けるべきだという、いわゆる消費者の『自己責任』とはまったく異なるものである」とし、「『消費者の権利』の実現と表裏一体としての『責任』であって、消費者市民社会の実現のために必要な消費者の態度である。」（日本弁護士連合会, 2016:57-58）。

　さらには、これらとは異なる観点から自己責任論を問題視するものとして、「消費者は自由な判断で行った行為・選択に対しては責任を負わなければならない」（鈴木, 2010:24）のは当然といえるが、消費者が「情報を適正に提供されていなかったため事実を的確に認識できないでとった行動にまで責任を負わせるのは不公平・不公正である。消費者に行為責任があるのは、表示、情報開示などにより、判断のために必要かつ十分な情報が提供されていることが前提である。」とする（鈴木, 2010:24）。

　市場経済においては「生産者と消費者がそれぞれの自由な判断と自由な競争に従い、それぞれの目的に向かって自由な活動が展開」されることが前提とされ、消費者は自己が選択した結果に責任を取るのが原則とされる。しかし、「大衆消費社会の進展に伴い、大量生産・大量流通・大量消費、そして大量廃棄がされるようになると、経済社会は複雑化・多様化する。消費者は、自由な判断によって多くの商品を選択する主体者の立場にありながら、大衆消費社会のもう一方の担い手である事業者の大規模な資本力と情報力・組織力に圧倒され、対等・平等な立場での交渉や取引が阻害され、主体者としての立場が弱体化することが多くなってしまった」（渡辺, 2010:52）。

　このように市場には消費者にとって情報格差や交渉力の格差の実態があることによって消費者問題が発生することから、この原則は消費者政策によってさまざまに修正されてきたことを忘れてはならない。消費者には一定の役割があるから自己責任を負わせるというのは矛盾である。

消費者の役割は市場における消費者の実態と併せて考察する必要があり、現在消費者の役割が求められているのは、消費者に選択した結果に責任を負わせるとの意味ではなく、市場を活用するために消費者が市場で適切な役割を果たせるようにすることにあるのではないだろうか。問題ある商品や企業を選択しない（不買行動）、あるいはよりよい商品や企業を選択する（購買行動）ことを可能にするための消費者への情報提供や消費者教育の提供に目を向けなければならない。

　なお、消費者保護基本法が消費者基本法に改正されるにあたって、消費者政策を「保護」から「自立」へと転換したということの問題については「第4章　消費者政策」および本章の第三節で詳しく述べている。この新たな消費者政策の動きに対して、「これまで以上に消費者に負荷がかかる政策手段を取ろうとしている」（色川、2006:66）、あるいは「消費者問題の少なからぬ部分を市民個々人の自立と責任に転嫁し、国家・地方公共団体、さらには事業者の免責へと向かわせるおそれがある」（潮見、2004:47）との指摘もなされていたところである。

　消費者への過剰な負担への懸念については、宇都宮が1970年代末から多重債務[*8]が社会問題になったときに「借り主責任論」が横行した事例を挙げ、「『無計画な借金をして苦しんでいるのは借りた側の自業自得である』との論理が支配的」になり、「暴力的な取り立て」、「高すぎる金利」、「融資審査の問題」など「サラ金業者の加害者性と当時の法制度の欠陥」が問題であったにもかかわらず、そして多重債務の背景には圧倒的多数に「生活苦・低所得」、「病気・衣料費」等で「本人ひとりの努力では避けられなかった」とし、「借り主責任論」の横行が問題の解決を遅らせたことを指摘する（宇都宮、2014:16-25）[*9]。

欧米等におけるエンパワーメントとしての消費者教育

　先進諸外国は日本のように「消費者の自立」を特に問題としないだけではなく、「保護から自立へ」[*10]という政策も取らない。「先進諸外国の多くが『消費者保護』を政策の主目的として掲げるとともに、消費者が主体的に権利を行使できるようにする（empowering consumer）政策を推進している。保護と自立は対義語ではなく、この2つは両立するもの」と捉えている（岩本、2013:37）。

第6章　消費者を支援する消費者教育

　欧米等は消費者政策を消費者の「保護」と「エンパワーメント」という二つを柱にしている。エンパワーメントという用語は日本では女性運動や市民運動などで使われてきたが、最近では医療や福祉、教育などでも使用されるようになってきた。エンパワーは「力を与える」という意味を持ち、エンパワーメントは「能力強化」と訳されることが多い。そして欧米では消費者教育においても使用されている。

　消費者のエンパワーメントとは、どのような位置付けで使われているのだろうか。「消費者は、自分達のニーズを明確に意識し、自分に自信を持ち、競争市場で最適な選択をする。つまり、消費者のエンパワーメントの効果は、弱者である消費者のパワーを増やすだけでなく、エンパワーされた消費者が、モノを選んで購入することにより、公正な市場が実現するという位置付けなのである」(宮園, 2009)。

　消費者のエンパワーメントについては適切な日本語訳が見当たらないが、単なる知識やスキルの伝達ではなく、消費者の本来持っている力を引き出し、消費者の主体的な権利行使による市場を適切に動かすことを期待していることから、あえて日本語訳を付けるとしたら、「消費者の主体性強化」だろうか。

　EUでは「消費者をエンパワーメントすること」について、「消費者を運転席に座らせることは市民にとっての利益だけではなく、競争も大幅に増加させる」ことであるとし (EC, 2007:5)、最近の欧州の消費者戦略「Consumer Agenda – Boosting confidence and growth」(EC, 2012:1) では、消費者のエンパワーメントについて、次のように述べている。

　　消費者をエンパワーメントすることは、彼らに活発で、持続可能、かつ包摂的な経済を促進させるための強固な原則や手段の枠組みを提供することを意味する。エンパワーメントされた消費者は、安全、情報、教育、権利、是正手段と執行を確かなものにする強固な枠組みを信頼し、彼らの持つ選択の力を行使することによって、またそれらの権利を適切に行使することによって市場に積極的に参加し、自分たちのためにそれらを使うことが可能になる。

また消費者団体の国際組織であるCIにおいても、そのミッションを「消費者の保護とエンパワーメント」*11とし、CIの最新の戦略「CI's New Strategy:unlocking consumer power on a global scale」*12においては、市場において消費者の権利とエンパワーメントの向上に大きな影響を与えていくとしている。ほかにもOECDは「消費者政策の伝統的な強調点は消費者の保護であるが、政府は消費者のエンパワーメントを通して個人と消費者全体の福利を向上させる方法を探ることが多くなっている」とし、「強化された消費者の要求は企業の活発な競争と革新を促す」(OECD, 2010:26, 117-118) としている。

本書においては消費者を主権者としての行動することを目指し、他の主体はこのような消費者を支援する役割があるとするものであり、上記のような消費者のエンパワーメントと同様の考え方に立つものである。

3．消費者政策における「保護」から「自立」の変遷の問題

現在の消費者政策の体系は、ベースとなる「市場メカニズムの活用」の考え方にもとづき「消費者の権利」を中心に組み立てられている。そして消費者政策において消費者の位置付けについて保護の客体から自立する主体へと変更した。

まず市場メカニズムと消費者政策をどう考えるか。次に、消費者を保護の客体から自立する主体に変更したことをどう考えるか、について考察する。

市場メカニズムの活用と消費者政策

まず現在の消費者政策が「市場メカニズムの活用」をベースとしていることをどう捉えるべきであろうか。

現在の消費者基本法が成立する前に、内閣府国民生活審議会において、経済社会の大きな変化を踏まえ、21世紀にふさわしい消費者政策のグランドデザインを提示した。そこでは「90年代に入り、規制緩和が進展し、市場メカニズムの活用が進んでいること、……従前のような事前規制を中心とする行政手法のみに依存することは困難となっている」とし、「消費者政策の基本的な考え方は、相対的に強い立場の事業者の活動に一定の規

第6章　消費者を支援する消費者教育

制を加えるとともに、弱い立場の消費者に対して情報提供、消費者教育、苦情処理等による支援を行うことを通じて消費者利益の確保を図ろうとするものである。その基本的な考え方は変わるものではない」としながらも、「このため、事業者に対する規制を中心とした政策手法から、消費者と企業が市場において自由で公正な取引を行うためのルール（市場ルール）を整備し、市場メカニズムを活用する政策手法に重点をシフトする必要がある」とした。「一方、市場メカニズムの活用が必ずしも適切でない、あるいは、市場メカニズムを補正しつつ活用することが必要な領域は依然として存在しており、そうした領域では引き続き行政が積極的に関与していく必要がある。消費者の安全や健康の分野は、そうした領域の一つである。安全や健康は一度損なわれると回復が困難な場合が多く、一定の事前規制等が必要である。また、消費者取引においても、適切かつ十分な情報提供や適正な勧誘等が行われるよう、厳正に監視・取締りを行うことが不可欠である」（内閣府, 2003:10-11）とも述べ、この考え方は、2015年に策定された第3次の「消費者基本計画」にも引き継がれている（消費者庁, 2015b:10-11）。

　消費者政策の方向性への変化については「消費者利益の保護と向上のためには、市場メカニズム自体に備わっている自律的な機能を最大限に発揮させ、市場を形成する直接の当事者（消費者と企業）の自由な活動その結果への責任を明確にし、市場の機能不全によるデメリット部分を抑制する目的に限ってだけ、政府の市場の外部からの最小限の関与を容認しようとする」（安田, 2005:54-55）との評価もあるが、市場メカニズムの活用あるいは補正・活用の領域の区別が充分な根拠をもって明らかにされているわけではない。「市場メカニズムの活用」自体が問題なのではなく、その活用の範囲が不明確なことが問題と考える。

消費者を保護の客体とするか、自立する主体とするか

　つぎに、現在の消費者政策は、消費者の位置づけを「保護から自立へ」へと理念を転換させたことをどう評価すべきだろうか。

　これについては消費者の保護が必要な領域への対応を見誤る危険があると考える。色川（2006）は2000年以降に起こった自動車のリコール隠し事件、食中毒事件などを挙げ、「依然として古典的な消費者問題が今日のよ

うに進んだ社会でも起こりうる」(色川, 2006:64) として理念の転換の問題点を指摘する。安田 (2005) は「消費者問題の変貌と不変性」を指摘し、「経済社会は激しく変化し、いま消費者政策の根本的あり方が問われているとする。食品の偽装表示の横行、欠陥自動車のリコール隠し、BSE問題や遺伝子組換え食品問題など、消費者の安全を脅かす問題や、消費者の企業への信頼を根底から覆しかねない事件も相次いでいる」ことをあげ、「激しく変貌する消費者問題の姿とともに、その基本構造の不変的性格を見落としてはならない」(安田, 2005:51) と問いかける。これは「『ゆたかな社会』を支える市場システムが、現代の経済社会により広くより深く透徹しているからである。……市民は誰でも市場に依存しなければ生活できない消費者であらざるをえない」、「市場において対等な関係にあるとされる消費者と事業者の間には、情報力・組織力・資金力・市場支配力・専門性などに関し、超えがたい大きな格差が歴然と存在している。このことが絶えず消費者問題を発生させる」(安田, 2005:54) ことを忘れてはならない。

2004年に成立した消費者基本法においては、消費者像を保護から権利をもった自立した主体に変更したことについて、社会が変わったことから、消費者の捉え方を変えるべきとの発想がある。一見すると社会の進展による消費者政策の進展と見えるが、果たしてそうなのであろうか。「人間の権利の尊重は、現代社会の基本原則である」、「これまでの『保護』という受動的な姿勢が改められ、『消費者の権利』を『尊重する』ことが……消費者行政の一歩前進として受け止められている場合も多い。ところが、少なくともその内容をみるかぎりでは、一歩後退であるといわざるを得ない」との批判もある（正田, 2010:11,156-157）。

このような懸念に示されるように、現在の消費者政策が従来の「保護」の考え方をはずしたことが問題であると考える。山田・前田 (2014:53) は「消費者の自立をめざす消費者行政自体が転換される必要」があり、「現代の日本の消費者が置かれたさまざまな困難を除去する消費者行政が求められている」として、「消費者行政の一層の充実であり、企業の情報開示と社会的責任の徹底である」とする。

なお、「『保護』と『自立』は対義語ではない（なお、『自立』の対義語は『依存』である）。また、『消費者の自立』という表現は諸外国で用いられることはほとんどない。……欧米では消費者の（利益）の保護と、消費者

第6章　消費者を支援する消費者教育

支援はともに両立して消費者政策の二本柱になっている。」(岩本, 2013:32) ことはすでに述べたとおりである。

4．消費者被害防止と消費者市民教育の分断

　消費者教育推進法の成立によって、消費者教育が大きく方向を変えようとしている。しかし、新たな概念である消費者市民社会はなかなか普及せず、また消費者教育の現場では従来型の消費者教育と新しい概念の融合がなかなか進まない実態もある。何が問題なのか、どのように解決すべきなのかを考えていく。

何が問題か

　消費者庁では消費者教育の体系イメージマップを作ったり、事例集を作成したり、消費者市民社会の概念の普及に力を入れている。しかし、第5章の消費者市民概念の普及調査で見たように、なかなか消費者市民社会の概念は普及せず、しかも地方での消費者教育においては、従来型の消費者被害防止教育と消費者市民教育とが並行的に進んでいる。一人の消費者に対して、一方で市場の影響を受ける消費者として、他方で市場に影響を及ぼす消費者として捉えられて、消費者教育が分断して進んでいる。

　消費者教育推進会議[*13]ではたびたび委員から、消費者教育について両者が分断したまま進んでいる現状を懸念する声が上がっている（消費者庁, 2016d:18）。また地方の消費者教育の現場では、従来型の消費者被害防止教育に加えて新たな消費者市民教育の導入への戸惑いが見られるともいわれている（柿野, 2013）。

　これにはいくつかの理由が考えられる。

　第一に、消費者が二面性を持つことが理解されていないために、消費者の一つの側面しか見ない場合、ある者は被害防止が必要とし、ある者は消費者市民の育成が必要だとしているのではないか。消費者が二側面を持つことを認識した消費者教育をするためには、両方の教育が目指す消費者像およびその前提となる目指す社会像が統一して捉えられていることが不可欠であろう。

　第二に、消費者被害防止教育を行う人・組織と消費者市民教育を行う人

・組織が異なっていることである。たとえば「多くの消費者団体が問題視するのは、現に脅かされている生命・健康の安全、消費者の選択に関わる広告・表示の問題、あるいは金融被害などの問題であり、環境等の組織は持続可能な社会に向けた消費者のより積極的な行動を問題にする。」(古谷, 2015c:12-14)。

この問題も消費者に対する認識が十分ではないことが背景にあると考えられ、結局消費者の二面性の理解の問題であり、そこで求められる消費者像、前提となる社会像が共有されてないことが問題なのではないだろうか。

つぎに、消費者被害防止教育および消費者市民教育それぞれについて、消費者の二面性をもとに具体的に考察してみよう。

消費者被害防止教育を考える

消費者被害防止教育は消費者を市場から影響を受ける消費者像を描く。しかし、市場に影響を及ぼす消費者としての側面の考慮が十分ではない。消費者市民社会を形成する消費者の側面の考慮がなされていないということである。

日本弁護士連合会(2016)では、「現代の消費社会が抱えている課題」の一つとして「消費者被害」を挙げる。そして「消費者被害のない社会」として「子どもからお年寄りまで、誰もが安心して暮らせる社会」が必要になるとする(日本弁護士連合会, 2016:42-48)。持続可能性は一般的には、大量消費・大量廃棄に伴う資源の無駄や環境問題、そして労働問題ばかりが語られるが、消費者被害は現に社会問題として私たちの生活を脅かすものであり、「消費者被害のない社会」は社会の持続可能性に欠かせず、それを「消費者市民社会」として認識していくことが重要であろう。

すると、消費者をそのような社会像を目指した消費者像として捉えると、消費者は自己の消費者被害を解決するだけではなく、社会として消費者被害をなくすこと、つまり消費者被害の問題を、被害に遇う「個人」だけの問題とせず、みんなで支えあって消費者被害のない「社会」を作ることが必要ということになる。現在、高齢者の消費者被害防止について「見守り活動」などが自治体、消費者、企業などが協力して行われており、これらは当事者のみならず多くの人々が参画して持続可能な社会を構築していく取り組みといえるはずである*14。

第6章　消費者を支援する消費者教育

　以上から、消費者被害防止教育については消費者市民社会の中で捉えていくことで社会としての問題解決につなげるための内容にすることが可能だろう。

消費者市民教育を考える
　消費者市民教育は消費者を市場に影響を及ぼす消費者像を描く。しかし、市場から影響を受ける消費者としての側面の考慮が十分ではなく、情報格差や交渉力の格差等の実態をほとんど考慮していない。
　消費者市民教育は持続可能な社会への消費者の役割として環境や労働、あるいは人権などの問題については消費者の積極的な行動を期待する。しかし、市場における消費者の実態を考えるならば、消費者はどのような課題を抱えているか、それを踏まえた対策が必要であり、すでに「持続可能な消費」の課題として領域、条件、責任主体のところで考察したところである。

消費者教育の体系イメージマップ
　「消費者教育の体系イメージマップ」（図17）＊15が2013年1月に公表された。消費者教育推進法の成立の翌年である。同イメージマップは、消費者教育の取組を行う各主体間の連携を進め、必要な教材や手法の開発を行うために、「多様な担い手が共通認識を作る道具となることを目指し」たものである。消費者市民社会を形成する消費者になるために、どのような時期に、どのような内容を身につけていくことが求められるのかを一覧できるものとなっている。個々の消費者側からみると、自らの消費者としての力の段階的な発展（ステップアップ）の目安を示すものであり、消費者教育の担い手から見ると、どのような消費者教育がされているか、あるいはされていないかを測るものとして有益であろう。ほかにも行政の施策あるいは企業の自社の取組みの全体像と今後どこに力を入れていくかを測るものとしての活動も考えられる。
　このイメージマップの重点領域の最初には「消費者市民社会の構築」があり、それらは「消費が持つ影響力の理解」「持続可能な消費の実践」「消費者の参画・協働」の3つに分けられ、幼児期から高齢期までの各段階でどのような消費者教育が必要か、が記述されている。

113

図17 消費者教育の体系イメージマップ
出所：消費者庁（2013），『消費者教育体系イメージマップ～消費者力のステップアップのために』：1頁。

5．各種調査から見る消費者の意識

　消費者市民社会における消費者の主体的な行動を支える消費者教育の実践にあたっては、消費者の意識の現状を知ることは出発点となるだろう。そこで本節では消費者の意識や行動を知る手掛かりとなるための調査をいくつか見ることにする。もちろん消費者の意識調査については、消費者教育に限らず、各主体の消費者への各種取組みにあたっても有益であると考える。

消費生活における意識や行動
　消費者の意識や行動に関してはさまざまな機関が調査している。直近の

第6章　消費者を支援する消費者教育

消費者庁の調査から消費者事故やトラブル等から消費生活における意識や行動を見ることにする。

■消費者庁「消費者意識基本調査」（2015年調査）＊16
　消費者庁では、日頃の消費生活での意識や行動、消費者事故・トラブルの経験等を聞き、消費者問題の現状や求められる政策ニーズ等を把握することを目的に「消費者意識基本調査」を実施している。2016年に公表された最新の「消費者意識基本調査」からピックアップしてみよう。

①商品やサービスを選ぶときに意識すること
　「よく意識する（『常に意識する』＋『よく意識する』）」の割合の高いものは、
　・「価格」(92.9%)
　・「機能」(89.8%)
　・「安全性」(83.5%)
　一方、「あまり意識しない（『たまに意識する』＋『ほとんど・全く意識しない』）」の割合の高いものは、
　・「経営方針や理念、社会貢献活動」(80.4%)
　・「広告」(67.3%)
　・「特典（ポイントカード、景品等）」(62.3%)
　・「商品やサービスが環境に及ぼす影響」(62.3%)

②消費者として心がけている行動
　「心掛けている（『かなり心掛けている』＋『ある程度心掛けている』）」の割合の高いものは、
　・「表示や説明を十分確認し、その内容を理解した上で商品やサービスを選択する」(78.4%)
　・「個人情報の管理について理解し、適切な行動をとる」(63.2%)
　・「環境に配慮した商品やサービスを選択する」(53.2%)
　一方、「心掛けていない（『あまり心掛けていない』＋『ほとんど・全く心掛けていない』）」の割合の高いものは、
　・「トラブルに備えて、対処方法をあらかじめ準備・確認しておく」(30.7%)

・「商品やサービスについて問題があれば、事業者に申立てを行う」(23.2%)
・「ライフステージや経済状況の変化等、将来を見通した生活設計を考える」(21.7%)

③購入商品や利用サービスでの消費者被害の経験
　この1年間について、自分自身が購入した商品、利用したサービスについての消費者被害経験をしたことがあるかについて、「ある」と回答した人の割合が高いものは、
・「機能・品質やサービスの質が期待よりかなり劣っていた」(8.2%)
・「表示・広告と実際の商品・サービスの内容がかなり違っていた」(4.8%)
・「思っていたよりかなり高い金額を請求された」(2.7%)

④被害を受けた商品・サービスについての相談又は申し出の有無
　被害があるとした事例数659件のうち、
・相談又は申し出を「した」(51.7%)
・「誰にもしていない」(44.9%)

⑤被害を受けた商品・サービスについての相談又は申し出をした相手
　相談又は申し出をした被害事例(341件)について、相談又は申し出をした相手の割合の高いものは、
・「商品やサービスの提供元であるメーカー等の事業者」(46.3%)
・「家族、知人、同僚等の身近な人」(37.0%)
・「商品・サービスの勧誘や販売を行う販売店、代理店等」(32.0%)

⑥被害を受けた商品・サービスの被害の回復
　相談又は申し出をした被害事例(341件)について、商品・サービスの被害の回復は、
・「なし」(57.2%)
・「あり」(31.4%)

持続可能性に関わる意識や行動
　持続可能性についての消費者の意識や行動を探る調査もさまざま存在す

る。内閣府や環境省その他の調査から、持続可能性に関わる消費者の意識や行動を見ることにする。

■内閣府「社会意識に関する世論調査」(2016年調査) ＊17
①社会志向か個人志向か
　「社会志向」は、国民は、「国や社会のことにもっと目を向けるべきだ」という意見であり、「個人志向」は、「個人生活の充実をもっと重視すべきだ」という意見である。
　昭和63 (1988) 年以降、社会志向が個人志向を上回り、その差は拡大傾向にあったが、2016年度は社会志向が46.9%、個人志向が40.8%と差が縮まってきているものの依然として社会志向が個人志向を上回っている。

②社会への貢献意識
　「日ごろ、社会の一員として社会のために役立ちたい」と思っているか、「あまり考えていない」かについて聞いたものである。「思っている」が「あまり考えていない」を超えたのは昭和61 (1986) 年でそれぞれ47.0%、46.4%でこの年以降差が拡大している。
　2016年度は「思っている」と答えた人が65.0%,「あまり考えていない」と答えた人は32.4%であり、引き続きその差は大きい。

　これらの結果を見ると、国民の社会意識はかなり高いことがわかる。しかしフェアトレードなどの市場規模などと照らしわせてみるときに、意識は高いが行動に結び付かないとの見解もあるが、見方によっては、国民の意識は高いが行動に結びつかない要因として具体的なツールが用意されていないと見ることもできる。

■内閣府「消費者行政の推進に関する世論調査」(2015年9月調査) (内閣府, 2015)
　「日頃、環境、食品ロス削減、地産地消、被災地の復興、開発途上国の労働者の生活改善など、社会的課題につながることを意識して、商品・サービスを選択しようと思っている」と回答した人の割合は64.3%である。男女での差が大きく、男性は57.0%、女性は70.5%となっている。

これも消費者が社会課題についての消費者の意識が高いことを窺わせるものである。

■環境意識に関する世論調査（2016年調査）＊18
・気候変動や温暖化の影響を実感するのはどれくらい先かについては、
　「既に実感している」(77％)
・気候が変わってきている原因については、
　「一部は自然現象、また一部は人間の活動に原因がある」(41％)
　「おおかたは人間の活動に原因がある」(37％)
・自分自身の生活や習慣を変えなければならないかについては、
　「そう思う」(27％)、「ややそう思う」(46％)
・2015年12月に気候変動枠組み条約の第21回締約国会議が開催され、その会議でパリ協定が採択されたことについての賛意については、
　「賛成する」(49％)、「どちらかといえば賛成する」(30％)
　気候変動についてはその変化を日々の暮らしのなかで実感することもあり、国民の意識は敏感であり、自分たちの暮らしを変える必要性を実感していることが窺える。

■倫理的消費（エシカル消費）に関する消費者意識調査（2016年調査）
　2017年2月7日に公表された、株式会社ネオマーケティングの「倫理的消費（エシカル消費）に関する消費者意識調査」結果報告書＊19によると、
　・「倫理的消費」「エシカル消費」とも認知度は1割未満
　・エシカル消費のイメージは「これからの時代に必要」が3割弱
　・エシカル商品の提供から企業のイメージ向上につながると、7割弱が評価
　・エシカルな行動の実践経験は7割強
　・エシカルな商品・サービスの購入経験は3割強、購入意向は6割強
　・エシカルかどうかわからないことや高価格が、エシカルな商品を購入しない主な理由
　なお、「『倫理的消費』『エシカル消費』の認知度について、若年層や男性がやや高い認知を示していることから、男性や若年層を中心に浸透し始めていることがうかがえる」としている。

第6章　消費者を支援する消費者教育

■フェアトレード認知率・市場規模
・認知率

　日本フェアトレードフォーラムの調査（2015年7月16日発表）[20]によると、認知率は29.3％となっており、3年前の 25.7％から3.6ポイント上昇している。

・市場規模

　Fairtrade International（2016年9月6日発表の年次レポート）[21]によると、世界125か国で流通する国際フェアトレード認証製品の推定市場規模は、2015年、約73億ユーロ（9,812億円以上 ――2015年平均為替レート）。日本では、2015年、市場規模が推定で初めて100億円を超えた（対前年比7％増）。

　フェアトレードについては世界に比べると小さいものの確実に認知率も市場規模も上昇している。

註
- [1] これは第1項であるが、基本法にはさらに第2項で「消費者は、消費生活に関し、環境の保全及び知的財産権等の適正な保護に配慮するよう努めなければならない。」という記述もある。
- [2] 消費者教育に関わる国の基本方針であり、消費者教育推進法第9条で政府は基本方針を定めなければならないとされている。
- [3] 「消費者保護とは事業者の行き過ぎた営業の自由への一定の配慮に過ぎなかった。また、消費者保護の手法は行政的取締りである。そのため、消費者が保護されるのは事業者に対する行政的取締りの反射的効果でしかなく、消費者は権利の主体ではなく保護の客体であった。」（日本弁護士連合会, 2015:355）と言われている。
- [4] 1981年3月〜1983年3月　文部科学省,「臨時行政調査会」。
  http://www.mext.go.jp/b_menu/hakusho/html/others/detail/1318294.htm（2016.12.12）。
- [5] 下線筆者。
  第18回（昭和60年）消費者保護会議における「消費者行政の推進について」。
  http://www.consumer.go.jp/seisaku/kaigi/seisakukaigi/hogokaigi/18/18s1.html（2016.12.14）。
- [6] 下線筆者。
  第30回（平成9年）消費者保護会議における「消費者行政の推進について」
  http://www.consumer.go.jp/seisaku/kaigi/seisakukaigi/hogokaigi/30/30s1.html（2016.

12.14)。
＊7 同指令は、消費者・事業者間の「不公正な取引慣行に関するEU指令」（Unfair Commercial Practices Directive）であり、18節に脆弱な消費者のことが記述されている。http://eur-lex.europa.eu/LexUriServ/LexUriServ.do?uri=OJ:L:2005:149:0022:0039:EN:PDF（2016.12.23）。
＊8 「多重債務」とは、多数の業者からの債務があること、特に借金の返済のために別の貸金業者等からさらに借り入れをして借金が増え続ける状態のことを言う。今なお多重債務問題は大きな問題であり、国や事業者団体等によるさまざまな取組みが行われている。内閣には多重債務者対策の円滑かつ効果的な推進を図るため、多重債務者対策本部が設置されている。2012年9月に「多重債務問題及び消費者向け金融業者に関する懇談会」が設置され、2016年11月に4回目の会議が開催されている。
金融庁『貸金業法が大きく変わりました』
http://www.fsa.go.jp/policy/kashikin/index.html（2016.12.15）。
＊9 宇都宮は「被害者自身が立ち上がり声を上げていった結果、社会も当事者たちさえも囚われていた『借り主責任論』の呪縛が少しずつ解かれていき、クレサラ運動は勝利を収め」、「2006年12月13日改正貸金業法が成立し、同法が2010年6月18日に完全施行された。」とする（宇都宮，2014:24-25）。
＊10 日本の消費者政策における「保護から自立へ」の政策についての問題点については次項で詳しく述べる。
＊11 http://www.consumersinternational.org/who-we-are/about-us/（2016.11.26）。
＊12 http://www.consumersinternational.org/who-we-are/strategic-plan/（2016.12.01）。
＊13 消費者教育推進会議とは、消費者教育推進法第19条に定められた機関であり、委員相互間の情報交換や消費者教育基本方針に関する事項を検討している。
＊14 消費者庁「高齢消費者・障害消費者見守りネットワーク連絡協議会」は、2007年から、高齢者及び障害者の消費者トラブルの防止等を図るために開催され、高齢者及び障害者の消費者トラブルに関して情報の共有し、高齢者及び障害者の周りの方々に対して悪質商法の新たな手口や対処の方法などの情報提供等を行う仕組みを構築することを目的としている。構成団体として高齢福祉関係団体、障害者関係団体、専門職団体、消費生活関係団体、自治体関係団体、事業者関係団体が参画している。
http://www.caa.go.jp/information/koureinet.html（2016.12.20）。
＊15 http://www.caa.go.jp/information/pdf/130122imagemap_4.pdf（2016.12.15）。
＊16 消費者庁（2016）『平成27年度消費者意識基本調査』。
http://www.caa.go.jp/adjustments/index_16.html（2016.12.01）。

第 6 章　消費者を支援する消費者教育

＊17　内閣府は1992年度より『社会意識に関する世論調査』を行っている。今回は2016年2月調査し、2016年4月11日に公表されたものである。
http://survey.gov-online.go.jp/h27/h27-shakai/index.html(2016.11.22)。
＊18　環境省（2016），『環境意識に関する世論調査』。
https://www.nies.go.jp/whatsnew/2016/20161006_2/20161006_2.html(2016.11.29)。
＊19　http://www.caa.go/region/pdf/region_index13_170125_0003.pdf(2017.03.24)。
＊20　https://www.peopletree.co.jp/press/press-pdf/2015/20150716_fairtrade.pdf（2016.11.29)。
＊21　Fairtrade International(2016), Fairtrade Strengthens Support for Farmers and Workers.
http://www.fairtrade.net/new/latest-news/single-view/article/fairtrade-strengthens-support-for-farmers-and-workers.html(2016.11.29)。

第7章
「現代の消費者主権」の実現
——消費者が消費者市民社会の主役となるために

1.「現代の消費者主権」とは

消費者の主体的行動と消費者主権
　市場において「消費者主権」が実現されるために、従来は消費者の権利を確保することが必要とされてきたが、いまではさらに消費者の権利のみならず消費者の役割も求められるようになってきたことはこれまでに考察してきたところである。
　従来、消費者が主体的に行動してきたことはなかったのかというと、それも違うといわざるを得ない。戦後、商品やサービスによる消費者被害や不利益を目の当たりにして、消費者が声を上げ、ときには運動の形態で、さらには消費者団体を組織して、問題の解決を図ってきた。「消費者運動の高まりの結果、1968年に消費者保護基本法が制定された」(西村多嘉子, 2010:6) あるいは「消費者庁は、消費者団体を始め関係団体の長年の思い・活動が結実したものであり、そこに至る過程には消費者問題、消費者運動を巡る長い道のりがありました。」(消費者庁, 2013a:4) といわれているように消費者問題の解決については消費者運動の成果として、消費者関連法、そして国や自治体の組織や制度が整備され「消費者利益」が徐々に確保されるようになってきたのである。このような消費者運動や消費者団体の行動はまさに消費者が問題の解決に向けて起こしてきた行動であり、消費者主権の行使といえる。そして今もこのような消費者の取組みは続いている。
　しかし、このような消費者の主体的な取組みが十分かというと、そうではないのも事実であろう。現代の複雑化・高度化・グローバル化する社会のなかで消費者問題は日々発生し、消費者はさまざまな場面で市場の影響にさらされる一方で、消費者が市場に積極的に関与する必要性も高まっており、消費者のいっそうの主体的行動が期待されている。

そして、消費者の主体的な行動については、市場の実態を見ても大きな制約のもとにあることから、企業、行政、消費者団体などの市民組織の支援が必要とされている。

これまでの考察から、消費者が消費者市民社会において主体的に行動するためには、従来の消費者主権から発展させ、消費者の権利のみならず消費者の役割をも加味した「現代の消費者主権」の実現が必要であると考える。

「現代の消費者主権」の内容は次のとおりと考える。

現代社会における消費者は権利を主張して自己の利益を守ること、もしその権利が侵害された場合にはその回復を求めて行動すること、また、自己の選択が現世代のみならず未来の世代に影響を及ぼすことを考慮して行動していくことによって持続可能な社会に形成に参画していくことである。

「現代の消費者主権」の行使によって得られる「消費者利益」とは

先行研究の多くは「消費者利益」を所与のもとして論じ、「その性格的な特質を考察した報告はほとんど見当たらない」（穂積・小林, 2001:49）。市場において消費者問題が発生し、その解決として消費者政策が求められていることから、「消費者利益」とは消費者問題の解決された状態ということになるだろう。そしてその解決は「現代の消費者主権」にもとづくものということになる。

具体的には、市場のなかで消費者の権利が尊重され、適切な役割を果たしていくことができる状態であり、このような市場では消費者の安全や取引は公正が確保されることになるだろう。また、万が一消費者が商品等による被害や不利益、あるいは不公正な取引による不利益・被害を受けたとしても、その被害・不利益は迅速・適切に回復される状態ということになるだろう。そしてこのような消費者の利益は現在の個人のみならず未来の世代の利益にもつながるものということになる。

ただこれらは消費者が現在の社会において、自己の権利を認識して行動し、必要な役割を果たすという「現代の消費者主権」を通して実現することになる。

第7章 「現代の消費者主権」の実現

2．消費者をどう捉えるべきか

多様な消費者像

　消費者の捉え方によって、消費者の権利も役割・責任の考え方も変わってくる。そこで消費者はどのように捉えられているかを見てみよう。論者によって実にさまざまな考え方がある。

　第一に、　消費者には特性としての「弱点」があるとするものがある
　これは消費者問題の発生の背景として、市場における消費者の実態からその「弱点」としての特性を指摘するものである。西村多嘉子は、「消費者は事業者や行政とは異なる取引上の地位にあるがゆえに逃れられない『弱点』をもっている」として、次の四つの「弱点」を挙げる（西村多嘉子，2010:5）*1。

1) 「生身の人間」であるため、商品やサービスの取引に関して生命・健康、実生活を害される危険にさらされており、これらに対する防衛する備えをもっていない。
2) 商品やサービスを「表示」に依存して認識・判断する。
3) その際、取引条件や価格の決定に直接参加することはほとんど不可能で、提示されているものから選択する自由しか残されていない。
4) 近年は情報社会といわれるにもかかわらず、事業者と行政が情報を独占し不都合な情報は出さないため、正確な情報の入手が困難である。

　第二に、消費者を「愚かな人間」「弱い人間」「具体的な人間」として捉えるものがある
　第一の見方とも共通するが、この第二の見方は消費者に対する法的保護が図られる背景として、つまり消費者と企業との関係における法律の変容の根拠として示されている。
　この見方は、消費者について「市民社会の変容に伴って、法における人間像は変化してきたとする。特に、消費者は『愚かな人間』『弱い人間』『具体的な人間』であるとの前提に立つ」ことから、「消費者問題に対して、司法・立法・行政のすべての分野において、法的（ママ）保護が図られ、消費者保護法ないし消費者法という領域が1960年代から発展してきた」（松

岡, 2009:106) とする。

　第三に、消費者を「賢くなりうる自立した消費者像」と捉えるものがある
　これは、経済法の領域から、個人主義的自由主義の下での、自由で独立した人を議論の出発点として、「賢くなりうる自立した消費者像」を前提とするものである（来生, 1997:281,295-296）。
　個々の消費者は時に愚かしく、しばしば過ちを犯すものであり、それは避けられないが、さまざまな失敗の経験を糧にして、それを次に活かすことを試みる、賢い消費者になりうる存在であることを直視し、重視しなければならないとする。「弱い、愚かな消費者像」、つまり賢い消費者の存在を前提としない消費者観は、自らの行動に責任を持つ自由で独立した個人からなることを前提とする「自由主義社会の基本的な構成原理を否定するもの」になるという。この見方は自立・自律して問題を解決していく消費者をめざすものと言えるが、第一、第二の問題点と同様に、愚かか、賢いか、ということ自体を問題にすることが問題と考える。これらの消費者像はどのように消費者教育をすべきかの限りにおいては役に立つかもしれないが、消費者政策の設計にあたって目を向けるべき消費者の実態を見落としてしまう危険がある。消費者問題を個人の問題ではなく市場経済における構造的な問題であることを直視して問題解決していく必要がある。

　第四に、消費者像を自律のために支援を要請する人間像として捉えるものがある
　伝統的な市民法である「民法」（明治29年4月27日法律第89号）における人間像は、市民と市民との関係、すなわち消費者と企業の区別はなく、市民の等質性・互換性を前提とする取引を想定している。しかし、消費者問題の発生は、市民の抽象的な取引を具体的な消費者と企業の取引として認識させ、消費者像を「抽象的な人間から具体的人間へと転換した」、「生身の人間」として捉える必要を認識させたとする。たとえば市民の私法である民法を修正したものとしての「消費者契約法」*2を見ると、そこでは消費者は単に「弱者」としての存在ではなく、「構造的な情報格差のもとで自己決定権利を奪われている現状を克服し、支援を得て自己の決定の主体と

第7章 「現代の消費者主権」の実現

なろうとする消費者」、「自律のために支援を要請する個人」という人間像が提示されているとする（吉田, 2008:67-78）。消費者契約法は「消費者を積極的な権利行使の主体」として位置付け、「消費者に法的武器を与え、地位を向上させる、あるいは本来の地位を回復させる」*3ものであるとする（松本, 1991:32）。

これは消費者を単なる弱者として捉えるのではなく、自立あるいは自律した主体として捉えた上で、消費者問題を解決するために市場の実態を反映した消費者関連法が市民法としての民法を修正したことを説明するものである。また消費者を問題解決の主体として捉え、他の主体の役割がこのような消費者の支援にあることを明確にするものである。

第五に、消費者を協働して問題解決をするものとして捉えるものがある
2006年に消費者契約法が改正され、消費者団体訴訟制度が導入された。同法により認定された適格消費者団体*4が、消費者全体の利益を確保するために、公益的な見地から、消費者契約法に違反する企業の不当な行為に対して差止請求権を行使できるという制度である（同法第12条）。この制度は当初は消費者契約法上の不当勧誘行為（同法第4条）と不当条項（同法第8条～第10条）を対象としていたが、2008年に特定商取引に関する法律（昭和51年6月4日法律第57号。以下、「特定商取引法」という）や「不当景品類及び不当表示防止法」（昭和37年法律第134号。以下、「景表法」という）の改正でそれぞれの法が定める行為類型に対する差止請求も認められるようになった。

「その導入・適用対象の拡大の背景には消費者被害の激増がある。消費者契約法の立法など実体法の整備はそれなりに進み、消費者の個別救済に資するものにはなってはきたが、少額・多数被害、被害の潜在化という特質から個々の消費者に権利行使を期待しがたいことや、被害を受けた消費者が事業者の不当な行使を差止める手段がないことなどから、消費者契約法の立法時から、その実効性確保の手段として消費者団体訴訟制度の必要性が求められていた」（佐々木, 2013:482）ものである。この制度は個々の消費者が組織を通じて、「消費者利益を確保」する途を開いたことになり、「『行動する能動的な消費者』への変化を生み出す契機を与えると評価することもできる」（松岡, 2011:74-75）。また消費者基本法によって消費者団

体の責務として「消費者被害の防止及び救済のための活動に努めるべき」役割が規定された（同法第8条）ことから、「消費者利益を確保」するため、消費者に代わって、市場において企業の行為を監視するなど、消費者の視点に立って活動することが期待され、それは消費者が市場において消費者団体を通じて企業をより善い方向に導くことにつながり、消費者の声が連帯することによって公正な市場秩序を図ることつながるものである（松本,2009）。また「消費者団体訴訟制度は、公共圏としての市民社会に通じる。そこでの消費者は公私協働して、市場秩序違反があった場合に、市場秩序違反是正の行動のみならず、公益のために、より主体的に市場秩序を創成するための行動が望まれている」(松岡, 2011:75-76; 吉田, 2008)＊5ともいわれる。

この見方は消費者を、消費者団体を通して主体的に問題解決をしていく主体として捉えるものであるが、消費者政策が進展した結果、消費者団体訴訟制度が実現したことによる消費者像の変遷という時代の変化を示したものといえる。

第六に、消費者を持続可能な社会の形成への参画者と捉えるものがある
2008年の「行政推進基本計画」＊6、「平成20年版国民生活白書」、そして2012年の消費者教育推進法につづき、2015年の消費者基本計画において、公正で持続可能な社会としての消費者市民社会の考え方が示され、消費者市民社会の形成に参画していく消費者像が示された。これは消費者を持続可能な社会の形成の参画者と捉えるものである。

また2015年、消費者庁は「『倫理的消費』調査研究会」を発足し、持続可能な消費として倫理的消費を実践する消費者像を示している。この見方は第六の見方といえるだろう。

論者により、時代により消費者像の捉え方にはさまざまなものがあるが、焦点の置き方や時代の影響を受けた差異はあるが、いずれも消費者の一側面のみを捉えているのではないか。第一、第二の消費者の捉え方については、たしかに消費者問題の背景である実態を示しているともいえるが、消費者の「愚かな人間」「弱い人間」という側面を強調することによって消費者問題を消費者の資質の問題として捉えることになりかねず、消費者問

第7章 「現代の消費者主権」の実現

題は市場経済における構造的問題であるとの捉え方が困難になる懸念がある。第三の見方は市場経済の基本としての消費者像を示し、第四の見方は消費者契約法が成立したことから、自己決定権の回復をしようとして支援を求める消費者像を描き、第五の見方はさらに消費者団体訴訟制度が成立したことから消費者が協働して問題解決しようとする消費者像を描き、第六の見方はさらに持続可能な社会を形成していこうとする消費者像を描く。第三から第六の見方は、社会や制度の変化による市場での消費者への期待と変化をとらえているが、市場での実態を十分考慮していない。いずれの見解も、市場経済の基本、実態、そして時代による消費者の要請といういくつかのの要素のどこを強調するかによって異なるにすぎず、いずれも否定される性質のものではないが、いずれも全体像をとらえてはいないといえる。

市場との関係から見た消費者の二面性

本書では消費者が消費者市民社会において主役となるためには、市場経済の基本をもとに消費者の実態を踏まえて「現代の消費者主権」を実現することが必要であるとするものであり、そこでは消費者の一側面を強調するのではなく、市場における消費者を一体として捉えながら、市場のなかで主体的に行動する消費者像を描くものである。

消費者を市場との関係から見ると、消費者は市場から影響を受ける側面とともに、市場に影響を及ぼす側面があると整理できる（図18）。上記の第一から第四の見方は消費者を市場から影響を受ける側面を見るものであり、第五、第六の見方は消費者を市場に影響を及ぼす側面を見るものである。

図18　消費者の二側面（イメージ）
　出所：筆者作成。

消費者の捉え方の差異が生む取組みの差異

　消費者の捉え方にはさまざまな観点があるが、それは単に捉え方の差異を示すにとどまらない。取組みの差異となってあらわれている。

　ますます高度化・複雑化する商品・サービス、あるいはマーケティング手法のもとでさまざまな被害を受ける消費者という側面を見ると、消費者の権利が尊重され被害が救済されることに焦点を当てるだろう。他方、労働環境や地球環境等の悪化は消費者の行動によって問題ある商品を排除し、良い商品を購入するという消費行動を期待して、消費者の役割や責任に焦点をあてるだろう。

　たとえば消費者教育の取組みにあたって、従来の消費者教育は消費者被害防止の側面を重視してきた。今なお地方自治体や消費者団体の消費者教育事例を見ると悪徳商法の被害者とならないための消費者教育などが多く実施されている[7]。他方、消費者教育推進法の成立を受けて消費者市民社会の形成に参画する消費者教育を行われ始め、フェアトレードやエシカル消費などを通した消費者市民教育の事例も出始めている[8]。

　このように現在、消費者教育は、従来型消費者教育（消費者被害防止教育）と消費者市民教育が行われているが、問題はそれぞれが分断あるいは並行して進んでいることであり、統合的一体的に行われていないという問題である。これは消費者教育の内容のみならず実施する人や組織も同様に分断あるいは並行した取組みとなっている実態がある。

　これらはそれぞれ重要な意義はあるものの、消費者が両面を持つ存在であるにも拘らず、消費者の片方の側面に焦点を当てることになる結果それぞれの取組みが進まないばかりか、全体としての問題解決を遠ざけてしまいかねないおそれがあるのではないか（図19）。

　消費者のどの側面を強調するかによってそれぞれ分断した取組みとなるのは消費者教育に限られない。たとえば、エシカル消費を促進しようとする場合、そこでは持続可能な社会形成に向けての消費者のエシカル商品購入という消費者の役割が強調されるが、消費者が市場から影響を受ける側面の考慮が不十分であり、具体的には消費者の情報格差の実態が軽視される傾向にある。他方、製品事故に関わる製品安全の取組みでは消費者被害として消費者の権利の侵害など市場から影響を受ける側面が強調されるが、消費者が被害などを申し出ることが社会全体での問題解決に関わるという

第7章 「現代の消費者主権」の実現

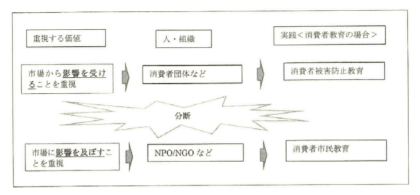

図19　一側面のみの考慮の問題—人・組織及び実践の分断
出所：筆者作成。

側面は見落とされがちである。
　消費者問題は多様であり、近年、ますます複雑化・高度化・グローバル化していることから、問題の解決については一側面のみに焦点を当てるのではなく、消費者の市場における二側面を考察していく必要性は高まっていくと思われる。
　なお、念のためにここで注意したいこととして、消費者の二面性の考慮によって問題の本質を見失わないようにすることだ。製品事故などの場合、それが消費者の誤使用や不注意を伴う場合、本来の製品自体における安全を考慮すべきなのに消費者の誤使用がフォーカスされ、問題の本質的解決がなされず、消費者の被害救済が遅れてしまうこともあるからだ。
　過去に発生したシュレッダーによる事故（コラム2）*9を例に取り上げると、シュレッダーを包丁等と同様に扱い、消費者が注意するのは当然として消費者の役割を強調し、企業には責任がないとの意見も少なからず見受けられた。たとえば、国民生活センターがシュレッダーの商品テスト結果を行い、企業に対して「事故を未然に防止するために乳幼児の指が入らない等の対策とともに、緊急時の停止機構の装備など二重・三重の対策を講じた製品の普及」や「統一した警告表示」の要望などを行った際に、企業のなかには「当社では通常使用における製品の危険性はないものと判断しております。加えて現在出荷しております製品には、ご使用されるお客

コラム2 シュレッダー事故

　消費者の生命・身体等の安全に関する法律に消費生活用製品安全法（以下、「消安法」という）がある。同法第2条第4項では、「消費生活用製品の欠陥によって生じたものでないことが明らかな事故以外のもの」、つまり、製品の欠陥によって生じた事故でないことが誰の目から見ても明々白々な事故は、この法律における製品事故には該当しないとしている。

　経済産業省「製品安全ガイド」のホームページには、「消費生活用製品の欠陥によって生じたものでないことが明らかな事故」かどうかを判断することは極めて難しい場合があるとして、例えば、消費者による消費生活用製品の誤使用や目的外使用によって引き起こされた事故は、それが本当に製品の欠陥によって生じた事故ではないことが明白な事故か否か、極めて慎重に個別の事故事例で判断することが求められ、事故原因を安易に消費者の過失であると結論付けることは避けなければならないと指摘する。

　そこで「家庭用シュレッダー事故」を例に挙げ、次のように記述している。

　　例えば、ホームセンターで売られている比較的安価なシュレッダーにおいて、家庭で子供の手指を切断するといった事故がありましたが、これを単に使用者の誤使用（過失）と判断して、消安法の製品事故ではないと結論付けることは極めて早計な判断であり不適切です。
　　なぜなら、メーカーは、個人情報保護法の施行などを背景に、家庭でのシュレッダーの需要が増加していることを知って、家庭で使用されていることを把握していながら、製品の仕様（投入口の幅や投入口から刃の位置）については業務用の仕様を改めることなく、子供などがいる家庭での使用を考慮した設計・製造の変更をせずに売り続けました。この結果、投入口が幅広で、また、刃の位置も子供の手でも十分届く位置にあり、また、投入口の材質が柔らかく、たわんで指が入るなど、製品の欠陥がないことが明白とは必ずしもいえません。したがって、こうした事例は、消安法における製品事故に該当すると判断することとなります。
　　安易に、子供の行動を常に監視していない使用者（親）の誤使用であると結論付けることは、適切な判断とはいえません。

出所：経済産業省，「製品安全ガイド」をもとに筆者作成。

第7章　「現代の消費者主権」の実現

様への注意喚起として警告シールを投入口付近に貼付しております。」「テスト結果の評価は、貴センターが独自に基準を設け行ったものであり、現状、日本では明確な統一基準が設けられていない為、弊社と致しましては納得いくものではなく、疑問に感じております。」などの反論*10が行われている。

消費者の二面性の考慮は問題の本質的な解決を目指すものとして使用されなければならない。

3．消費者問題の「発生要因」と「現代の消費者主権」の関係

「第3章　消費者問題の『問題点』と『発生要因』」において、消費者問題の発生要因は三つに整理できること、そして本章第2節においては、消費者には市場との関係で二面性があることを見てきた。そこで、消費者が主体的に問題解決をすることを可能とするためには「現代の消費者主権」の実現を具体的に考える必要がある。

消費者問題の「発生要因」ごとに、消費者の二面性にしたがって、どのように「現代の消費者主権」を実現できるかを考えていく。

第一の発生要因「基本的な市場メカニズムの機能整備の問題」と「現代の消費者主権」

まず消費者問題の第一の「発生要因」である「基本的な市場メカニズムの機能整備の問題」は、たとえば市場において商品の安全の確保のための基準・ルールが設定されているということは消費者の「安全が確保される権利」が満たされていることになるが、ルールの設定がないことによって安全が確保されていない場合はルールの設定、あるいはルールはあっても企業が遵守しないことによって安全が確保されていない場合はその是正がなされていくことによって消費者の権利が確保されるという関係になる。したがって、消費者の権利が確保されるよう市場が整備されていること、さらにそれらが十分ではないときはそれらを整備する、あるいは問題があれば是正していくことによって消費者の権利を確保していくことが必要になる。

このように第一の「基本的な市場メカニズムの機能整備の問題」は消費

者の権利を尊重するために基準やルールが設定されていること、それらが侵害されているならばそれを是正していく仕組みが整っているかなどが問題になり、それらの多くは消費者政策など行政によって実施されることが多いといえよう。しかし、消費者の権利が自動的に確保されることはない。消費者の何らかの不利益や被害が発覚して消費者の権利の侵害が顕在化することがほとんどであり、そのきっかけとなるのは消費者の苦情や意見であることがほとんどである。消費者の主体的な行動が欠かせないのである。

また、2015年の「マンション杭打ち不正事件」のように、消費者が安全上の問題を事前に発見することは専門性などから困難なことも多く、法律や行政あるいは企業の自主的な取組みなどによって、不正を是正する、あるいは不正をチェックするなど企業や行政、消費者団体等による消費者への支援が期待されることになる*11。

「基本的な市場メカニズムの機能整備の問題」については、市場の整備の状況によって最も影響を受ける消費者が疑問を提起することが欠かせず、被害や不利益を放置せず解決のために積極的に行動することが重要となる。そのことによって市場が健全に機能し、全体の消費者利益が確保されていくことになる。

第二の発生要因「市場メカニズムでは解決できない消費者の被害・不利益等の回復の問題」と「現代の消費者主権」

第二の「発生要因」の「市場メカニズムでは解決できない消費者の被害・不利益等の回復の問題」は、たとえば安全ための基準やルールが存在しない、あるいは企業が遵守しないなどによって消費者が被害を受けた場合には消費者の権利が侵害されたことになり、このような権利侵害である被害や不利益をいかに回復するかが問題となる。市場から影響を受けた消費者の現実の被害を回復することによって市場が健全に機能することになる。

前述のマンションの例でいえば居住者の被った損害に対し、迅速・適切な被害回復やそのための紛争制度などが整備されていることによって消費者の権利が回復されることになる。これらが実現されるためには消費者がこれらの被害や不利益を申し出ることも重要であり、企業や行政は消費者の申し出をいかに支援して解決していくかが問われてくる。

フォルクスワーゲンの排ガス不正問題においては、EUやドイツ政府の

第7章　「現代の消費者主権」の実現

対応のみならず、ドイツの消費者団体がバウチャーを要求するなど消費者被害の回復に向けた取組みを行っているのも参考になる＊12。

第三の発生要因「消費者の強化による市場メカニズムの積極的活用の問題」と「現代の消費者主権」

第三の「発生要因」の「消費者の強化による市場メカニズムの積極的活用の問題」は、たとえば市場において消費者が情報収集等による適切な選択や適切な使い方などをする、さらには持続可能な社会に向けて他者や環境などにも配慮した選択や使い方をするなど、消費者が役割を果たせる状況にあるかどうかが関わってくる。

今日では消費者が主体的に行動することが、自らの権利を確保することにもなるだけではなく市場の健全化、さらには持続可能な社会を構築していくといわれるようになっている。しかし市場での消費者の行動の実態は十分ではないことから、企業や行政そして消費者団体は消費者に対し、適切な判断を行うために必要な情報を提供し、あるいは消費者教育などによって、消費者を強化していくことが求められる。欧州等では特に消費者の保護と同時に消費者のエンパワーメントとして重要視されていることは先に考察したとおりである。

4．消費者以外の他の主体の役割とは

消費者が消費者市民社会において主体的な行動をするためには、消費者の意識や行動を熟すのを待っていることだけでは十分ではない。消費者の「現代の消費者主権」の行使には大きな障害があるからである。消費者の主体的行動を可能にするための他の主体の支援が必要となる。

まずは、企業の持続可能な社会に向けた商品の開発・提供や企業の情報提供が必要である。「企業が提供する環境配慮型商品やサービスの購入・消費を通して、環境の課題を知らされる、また自らの意識改革や行動変化を触発されることがある」(谷本, 2013:61)。「いかに、消費者とともに持続可能な社会をつくるか。権利の主張だけではなく義務や責任も果たす消費者を、社会全体でいかに育むか」(関, 2011:106)が重要とされるようになっている。国連の消費者保護ガイドラインの原則の1つ「持続可能な消費

形態の推進」においては、あらゆる主体のメンバーや社会的組織が共同して責任を負担すべきとし、消費者団体や環境団体の役割が重要であること、「情報を知らされた消費者」が重要な役割を果たすこと、さらに政府の施策や企業のビジネスにおける責任などについて述べられているのが注目される（UN, 2016:11）。

「現代の消費者主権」の支援とは

　消費者が主権者として消費者問題を解決していくとの「現代の消費者主権」を実現しようとする立場からは、市場における消費者の実態を考慮し、消費者以外の他の主体は消費者が「現代の消費者主権」にもとづき問題解決を行うことを支援するものとして消費者政策を設計していくことになる。このような消費者政策は国や地方自治体のみが担うものではなく、企業や消費者団体などがそれぞれの特性に応じた役割を担うことが必要である。

　具体的な取組みとしては、消費者の合理的かつ社会に配慮した選択をするための企業や行政の情報提供のあり方、あるいは消費者が消費者の権利が侵害される消費者問題に対して自ら具体的に解決していくための紛争制度が整備されなければならない。つまり消費者が主権者として問題を解決していくことを軸として、このような消費者を支援するものとして消費者政策を設計していく必要がある。

　OECDは「消費者政策ツールキット（Consumer Policy Toolkit）」において、加盟国に対して、①より良い決定の方法、②問題回避の方法、及び③商品やサービスが期待に達しないときに満足のゆく解決を求める方法について情報とガイダンスを提供することにより、消費者のよりよい決定を手助けする政策やプログラムに力を注いでおり（OECD, 2010:26）、まさに「消費者主権」を重視している。また、EUの消費者政策戦略が「個人で立ち向かうことができない重大なリスクや脅威から消費者を効果的に保護すること」（EC, 2007:2）としているのも、「消費者主権」を前提として消費者政策は消費者支援であることを示しているものと考える。

　また2007年に採択された「消費者の紛争解決及び救済に関するOECD理事会勧告」は紛争解決及び救済の効果的な国内枠組みのために必要な基本要素として、次の3つのタイプの被害救済制度の整備を加盟国に対して勧告を行っている（OECD, 2007）。

第7章 「現代の消費者主権」の実現

- 個人で行動することを可能にする仕組み*13
- 多数の消費者のために集合的に行動することを可能にする仕組み*14
- 消費者保護執行機関が消費者のための救済を行い、又は促進するための仕組み*15

このOECDの勧告の第一の「個人で行動することを可能にする仕組み」は消費者政策における「消費者主権」の重要性を謳ったものであり、第二の「多数の消費者のために集合的に行動することを可能にする仕組み」は、消費者団体における「消費者主権」の支援の仕組みを示し、第三の「消費者保護執行機関の消費者のための救済を行う、又は促進するための仕組み」については、行政における消費者主権の支援の仕組みを示していると見ることができる*16。

なお、消費者が主権者で、他の主体は消費者主権を支援するとすることについては、行政や企業の責任を減じるものとなり、消費者に過酷な要求をしているとの批判も考えられるが、消費者を主権者として捉えることは消費者に問題解決のすべてを委ねることを意味しない。本研究では消費者が受け身の立場ではなく、その主体として問題解決を行い、主権の回復を図ろうとするものであり、そうしなければ問題の本質的解決にはならないと考えるものである。そして消費者を主権者として見ることは他の主体の責任を減じるものでもなく免じるものでもなく、むしろ、他の主体の取組みを現代の消費者主権への支援として位置付けることでその役割が明確化され、消費者が権利を行使し必要な役割も果たす消費者主権をより強固にし、消費者が主体的に問題解決していくことに貢献することになると考える。

消費者以外の他の主体の役割として、行政、企業（団体）、消費者団体、そして各主体の連携・協働の順に考察する。

行政の役割

消費者政策には、基本的な推進者として消費者、行政、企業の三者が存在する。これまでの消費者政策を振り返ると、当初行政を中心にした取組みに加えて、事業者の責務を定める構造になっていた*17が、その後、基本的スタンスを維持したうえで、解決主体の拡大と責任範囲の拡大が行われてきた。つまり、行政は主要な主体として位置付けられたまま、その後、

消費者庁の創設（2009年）など主体の拡大と質的変化、企業は責務の拡大[18]とともに事業者団体[19]が主体として追加され、消費者については当初は「客体」としての扱いであったが、その後、「自立した主体」としての位置づけに変化し、さらに主体として消費者団体が追加[20]されるなどの変化を遂げながら進展してきた。

消費者基本法は行政、つまり国および地方自治体における消費者政策の推進の責務を次のように定めている。

　消費者基本法第3条（国の責務）
　　国は、経済社会の発展に即応して、前条の消費者の権利の尊重及びその自立の支援その他の基本理念にのっとり、消費者政策を推進する責務を有する。
　消費者基本法第4条（地方公共団体の責務）
　　地方公共団体は、第二条の消費者の権利の尊重及びその自立の支援その他の基本理念にのっとり、国の施策に準じて施策を講ずるとともに、当該地域の社会的、経済的状況に応じた消費者政策を推進する責務を有する。

消費者基本法においては行政の責務について「消費者の自立の支援」を理念としているが、「現代の消費者主権」への支援については必ずしも明確ではない。第4章でこれまでの消費者政策について考察してきたように、行政はこれまで消費者政策の推進について中心的役割を担ってきており、「消費者問題への対応の中心は行政」（鈴木, 2010:19）[21]ともされる。しかし、行政がどこまで介入するのか、どのように介入するのかは、消費者問題が社会問題というだけでは導けない。市場経済における消費者の位置づけや役割から検討する必要があり、本書においては消費者が主権者として消費者問題の解決に関わるべきとの立場を取り、行政はこのような消費者の支援としての役割をもつとしてきたところである。

行政が消費者の主権者としての行動を支援するためにはどのようなことが考えられるか。消費者問題の「発生要因」をもとに具体的に考察していく。

まず消費者問題の第一の「発生要因」である「基本的な市場メカニズム

第7章　「現代の消費者主権」の実現

の機能整備の問題」については、消費者の権利が確保されるための制度設計が必要になる。「市場メカニズムが自律的に機能するならば、……消費者主権が実現される」が「このことは、政府が市場にまったく関与せず、市場に問題の解決をすべて委ねてしまうことではない。独占行為の排除など市場における競争条件の整備や法律などの市場のルールを無視する不正な行為の排除など、市場メカニズムが理想的に機能するのを妨げる行為に対しては、政府の強力な市場介入が依然として不可欠である」(安田, 2005: 59)。たとえば、最近発覚した「マンション杭打ち不正事件」を見てもわかるように、「消費者の権利」の一つである「安全」はいまだ十分確保されているという状況にはなく、かつては想定できなかった問題も現れるようになっている。現在の社会や企業の特性を踏まえて消費者の権利を確保するための法律の整備などの制度設計が求められる。

　第二の「発生要因」である「市場メカニズムでは解決できない消費者被害の回復の問題」については、消費者の被害が迅速かつ適切に回復されるための制度設計が必要である。たとえば、新しい技術の導入が被害を発生させることもあり[*22]、法律の対象外による商品による事故もある[*23]。消費者の被害回復は依然として課題がある。

　さらに第三の「発生要因」である「消費者の強化による市場メカニズムの積極的活用の問題」については、消費者が市場における自らの役割を認識して行動を可能にするための制度設計が必要になる。2012年に消費者教育推進法が成立後、2015年策定の消費者基本計画の重点項目の1つに「消費者が主役となって選択・行動できる社会の形成」を挙げ、「消費者が自主的かつ合理的に選択・行動することができる」ことをめざして、消費者教育が進み始めているが、ほかにも消費者が行動するための情報の開示なども必要である。たとえば安全のための判断材料としての事故情報などのリスク情報が開示されている例はまだ少なく、消費者の合理的行動の前提が整っていないのが実態である[*24]。

企業の役割

　消費者基本法は企業の役割として、事業者及び事業者団体の役割について、次のように定めている。

消費者基本法第5条（事業者の責務等）
　第1項　事業者は、第二条の消費者の権利の尊重及びその自立の支援その他の基本理念にかんがみ、その供給する商品及び役務について、次に掲げる責務を有する。
　　一　消費者の安全及び消費者との取引における公正を確保すること。
　　二　消費者に対し必要な情報を明確かつ平易に提供すること。
　　三　消費者との取引に際して、消費者の知識、経験及び財産の状況等に配慮すること。
　　四　消費者との間に生じた苦情を適切かつ迅速に処理するために必要な体制の整備等に努め、当該苦情を適切に処理すること。
　　五　国又は地方公共団体が実施する消費者政策に協力すること。
　第2項　事業者は、その供給する商品及び役務に関し環境の保全に配慮するとともに、当該商品及び役務について品質等を向上させ、その事業活動に関し自らが遵守すべき基準を作成すること等により消費者の信頼を確保するよう努めなければならない。
消費者基本法第6条（事業者団体の責務）
　事業者団体は、企業の自主的な取組を尊重しつつ、企業と消費者との間に生じた苦情の処理の体制の整備、企業自らがその事業活動に関し遵守すべき基準の作成の支援その他の消費者の信頼を確保するための自主的な活動に努めるものとする。

　消費者基本法における企業の責務については、「現代の消費者主権」への支援との関係は必ずしも明確ではない。企業が消費者の主体としての行動を支援するとはどういうことだろうか。企業は市場におけるもう一方の当事者であり、消費者問題は消費者と企業の問題として発現する。したがって企業は自らの組織の問題行動によってもたらされる場合は言うに及ばず、消費者が情報格差等の市場の実態からさまざまな影響を受けることを考慮した責任ある対応、たとえば消費者への積極的な情報提供が求められると考える。「作り手側・発信側と消費者・受け手側の圧倒的な格差、情報量・資金面・交渉力・技術面・人材面などの格差が結果として消費者側に様々な難しい状況や困った現実を生じさせている」(山本, 2008:18) のであ

第7章　「現代の消費者主権」の実現

り、消費者が主体的に行動、たとえば適切な商品選択をするためには、企業による積極的な情報開示などが欠かせないとの認識が必要になってくる。

「昨今、消費者主権の確立をめざす法整備や関係機関の体制整備が進展し、消費者問題に対する関心も高まるなかで、企業にとっても、消費者の権利を尊重し、その利益を保護することが重要な課題になっている」（郷原, 2015:12-18）といわれ、消費者との関係を単なる商品等のニーズというマーケティングの発想あるいはCS（顧客満足）として捉えた取組みでは不十分である。消費者主権の支援として、企業は消費者の選択のための、あるいは消費者が商品リスク等を判断するための情報開示が必要となるのであり、また消費者の不利益や被害を解消するための窓口の設置、業界団体による窓口や自主行動基準の策定などの取組みが必要となる（古谷, 2013b; 2014）。

見方を変えれば、企業は自社の商品について、消費者から相談や苦情を受ける過程で消費者の実態を知ることができるというチャンスがあり、これを活かすことによって適切な情報提供や消費者教育などが可能である（古谷ほか, 2015:15）。柴田は「企業の消費者対応部門の機能は、単なる苦情の処理から、顧客の声を経営に活かすといったところまで進化している」として、「市場である社会への発信という機能進化が求められ」、「経済主体の一翼として社会を担っている企業が、健全な市場、豊かな社会に向けての消費者への教育」に積極的に関与していくことを提案している（柴田, 2010:43）。

企業の役割を踏まえた「消費者利益の確保」の方法はさまざまあるが、上記以外にもいくつかの取組みが考えられる。第一に、経営への消費者（団体）の参画[25]を通した取組み（古谷, 2010:135-139）、第二に、企業の持続可能な社会の構築に向けたCSRの取組みを通した「消費者利益の確保」も行われており[26]、昨今では消費者（団体）等との対話や協働なども試みられている（古谷, 2010:145-150）。第三に、2005年に「公益通報者保護法」（平成16年法律第122号）[27]が成立し、そこでは企業内での内部通報による企業の自浄作用が期待されており（内閣府, 2003:1）[28]、企業の内部通報窓口の活用などによって「消費者利益」に反する問題を未然に防ぐこともできる。

また企業が十分対応できない場合に事業者団体がそれを補うことが求め

られる。たとえば、個々の企業の人的・物的資源の限界、あるいは一企業が商品のリスク情報を提供する場合にはその企業が他社との競争上不利益を被ることがあり、業界全体で対応していくことが有効となることも考えられる。事例としては、日本食品添加物協会が食品添加物の基本的知識について消費者向けに啓発資料を作成している例[*29]、中小企業のために商工会議所が「企業行動規範」を策定している例[*30]などがある。

消費者団体の役割

消費者基本法は消費者団体の役割について、次のように定めている。

> 消費者基本法第8条
> 消費者団体は、消費生活に関する情報の収集及び提供並びに意見の表明、消費者に対する啓発及び教育、消費者の被害の防止及び救済のための活動その他の消費者の消費生活の安定及び向上を図るための健全かつ自主的な活動に努めるものとする。

このような消費者団体の役割については、「現代の消費者主権」への支援との関係は必ずしも明確ではない。消費者問題に対して、実態として消費者団体がその解決に貢献してきたことはこれまでの歴史が物語っているが、そのような消費者団体の活動と「現代の消費者主権」への支援とはどのような関係にあるのだろうか、改めて考察する必要がある。

消費者団体は消費者利益のために、消費者自身が組織化して活動するものであり、行政や企業にはない特徴を持っており、「現代の消費者主権」への支援としては、二つに整理できるのではないか。一つには個々の消費者に対する「消費者主権」を支えるものであり、二つには消費者団体が消費者全体の利益のために行動することによって「消費者主権」を支えることにつながるものである。

一つ目の消費者団体が個々の消費者に対する「消費主権」を支援するものとしては消費者への情報提供や消費者教育、あるいは消費者相談などがある。これらの実施によって消費者が主権者として行動することを支援することになる。「消費者個人は事業者に対して情報力や交渉力の面で不利な立場にあり、自ら必要な情報を入手したり被害の救済を求めること等に

第7章　「現代の消費者主権」の実現

おいて限界があることから、消費者団体は、消費者の健全かつ自主的な組織活動を通じて消費者利益を確保する役割を果たす必要がある」(内閣府, 2003:14)。

　消費者の持続可能な社会への役割を果たすことができるようにしていく事例として、日本消費生活アドバイザー・コンサルタント・相談員協会（NACS）の環境委員会が「グリーンコンシューマーが望む環境情報9原則」を策定している例*31、「サステナビリティ消費者会議」（CCFS）が持続可能な社会に向けた消費者啓発ツールとして「消費者市民チェックリスト」を作成している例*32などがある。

　二つ目は消費者団体が消費者全体の利益のために行動することによって、「消費者主権」を支えることにつながるものがある。CIでは前述したように消費者の責任として「連帯する責任（Solidarity）」を定めているように、「個々の消費者が持てる能力には限界があり、一人の消費者の努力によって解決できる問題は極めて限られていることから、消費者を組織化する必要」（丸山, 2015:24）があり、「消費者の利益擁護のために活動する消費者団体が消費者被害の救済を支援する役割を果たすことが重要であり（内閣府, 2003:54）*33、「個々の市民に期待できない点に鑑みれば『消費者の権利』保護を担い、事前の防除措置を求める主体としての消費者団体の役割」（潮見, 2004:48）が重要ということになる。また「消費者団体には、事業者の活動を監視・評価したり、事業者団体の行う自主規制活動に関与したり、消費者の権利行使をサポートしたり、あるいは消費者の権利を代わって行使したりするといった重要な役割がある。これらの役割は、消費者個人の役割に還元してしまうことができない性質のものである」（松本, 2004:91）ともいわれるところである。

　消費者政策が整備されてきているかに見える現代社会においても今なお消費者を取り巻く状況に変わりはなく、むしろ複雑化する社会の中で消費者が多くのリスクにさらされているだけではなく、持続可能な社会への消費者の期待がますます高まっていることから、消費者団体における「現代の消費者主権」への支援が重要になってくるだろう。

　消費者団体の活動を諸外国と比較してみると、日本での消費者団体は被害救済を重要視しているが、特に欧州では消費者主権を強化する方向で消費者支援を重要視している（OECD, 2007;2010）。たとえばアメリカ消費者

同盟（CU=Consumers Union。以下、「CU」という）は、政府からの援助はなく、会費収入によって賄われているが、資金もスタッフも潤沢であり[34]、世界で最も大きな消費者団体として、消費者に商品テスト情報を積極的に提供し、消費者の情報格差を補っている。欧州では、たとえばドイツの消費者団体の連邦消費者センター連盟（VZBV）はアメリカと異なり、その予算の約85%を連邦からの資金援助を受けて、消費者相談等の消費者支援を行っている[35]。日本ではアメリカと同じように政府等の資金援助は受けず独立してはいるが、広く消費者の支持を得て資金を獲得できるという状況にはなっていないことから、諸外国と比べて情報提供や消費者相談等の消費者支援には課題が多い。消費者団体による「現代の消費者主権」への支援の重要性を鑑みるならば「消費者団体を有効に活用するため、国による政策の転換が必要」（丸山, 2015:166）、あるいは消費者団体自身が社会的影響力を与えて、広く認知され、支持されることが前提条件になる（井上, 2009:32）と指摘されている。

連携・協働の取り組み

消費者は主権者として行動し、他の主体はそれを支援していくことになるが、各主体の単独の取組みに加えて「連携・協働」も重要になっている。「経済、社会、環境の問題は、それぞれ相互に関連しあっている」、「政府が扱うには大きすぎるグローバルな問題と同時に小さすぎるローカルでマイナーな問題が増えている」（谷本, 2013:5）、「現代社会の複合性は、組織間の相互依存性の増大」（坪郷, 2006:18）など、単独で取り組むには限界がある事例が増えている。消費者問題についても同様であり、商品・サービスあるいは企業のグローバル化などに伴い、関係主体や問題が相互に依存あるいは影響しあうことが多くなっていることから、消費者、企業あるいは行政など関係主体の連携・協働の重要性が高まっている。

連携・協働の形態としては企業の取組みに消費者団体が関与するケース[36]や消費者団体が消費者教育資料を作成する際に企業の情報提供があるケース[37]などがある。また単独の主体間の協働ではない新しい協働の事例として、マルチステークホルダー・プロセス（Multi-stakeholder Process。MSPとも略されることも多い。）[38]にもとづくものとして、2009年に設置された「社会的責任に関する円卓会議」（図20）[39]もある。これは地球規模

第7章 「現代の消費者主権」の実現

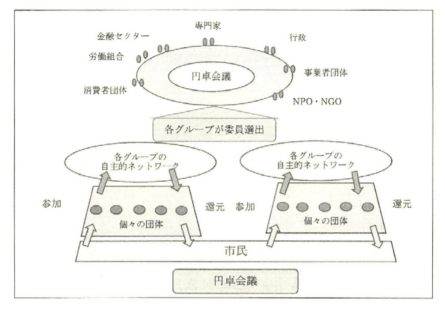

図20 社会的責任に関する円卓会議の機構図
出所：内閣府,『社会的責任に関する円卓会議』*45をもとに筆者作成。

課題や消費者教育など、政府、事業者団体、消費者団体のほか労働組合、NPO・NGOなどが「それぞれが対等な立場のステークホルダーとして参加をして、政府だけでは解決できないような問題、複数のステークホルダーが協働することにとって解決できるような問題について、それぞれがやれることを出し合って、解決するためのコミットメントをしていこうという考え方に基づくものである」(松本, 2010:10)*40。

このような新しい連携・協働の取組みは「従来から社会的課題の解決に主体的に取り組んできた市民がイニシアティブをとっていく」*41ことで進展してきたものであるが、いまだ十分浸透したとはいえない（古谷, 2015a:106）こと、運営や合意にあたっての活動のむずかしさもあり、上述の社会的責任に関する円卓会議の活動は現在ほとんど行われていない。参加者のステークホルダーがお互いの意見の不一致を乗り越えてダイアログなどを通して学習していく仕組み（Payne and Calton, 2002）の導入など各主体の

連携の在り方が課題になるだろう。

　このように現在、連携や協働の取組みは進展しており、事例も増えつつあるが、主権者としての消費者の行動を支援する形態としては未成熟な部分が多い。たとえば、現在、消費者庁において、消費者団体との連携として全国の消費者団体等と定期的な意見交換の場の設置、電子メールを用いた意見交換システムの運用（消費者庁, 2014a:295-296）などの実態を見ると、あくまで行政側から消費者側の意見を聞くシステムとしての機能にすぎない。「現代の消費者主権」への支援のための連携・協働にまでは至っていない。しかし、2015年改正の個人情報の保護に関する法律（平成15年5月30日法律第57号）には「認定個人情報保護団体」*42が個人情報保護方針を作成するに当たって消費者の意見を聞くことが法律上定められた（同法第53条）*43ことから新たな分野の協働も始まることになる。さらに現在、消費者庁では適格消費者団体への支援*44が検討されるなど、今後、多様なテーマや主体との間で連携・協働が進んでいくことが期待される。

註
*1　正田は、さらに上記の「①から④のいずれとも関係して、消費者が商品・サービスの購入に際して、人間性の弱みを持つことが、決定的に影響する」とし、「消費者はさまざまな形で支配されている」として、「消費者・消費生活と関連する問題は、このような消費者が事業者の支配下に組み込まれている状態を前提として生じているとする。そして消費者は自分自身の力でこのような地位から逃れることができないのである」とする（正田, 2010:28-29）。
*2　ほかにも民法を修正したものとして、「製造物責任法」（平成6年法律第85号。以下、「PL法」という）がある。同法は民法における過失責任の原則を修正し、欠陥責任に基づく損害賠償責任を認めたものである。
*3　消費者契約法は、民事ルールとして、事業者の重要事実の不実行為、断定的判断の提供、困惑行為などに対して消費者の取消権を認めるものである（同法第4条）。同法はこれらの問題ある事業者の行為を規制するという方法ではなく、消費者の取消権の行使によって問題を是正しようとするものである。
*4　「適格消費者団体」とは、消費者全体の利益擁護のために差止請求権を適切に行使することができる適格性を備えた消費者団体として、内閣総理大臣の認定を受けたものである（消費者契約法第2条第4項）。
*5　ほかにも特定商取引法に基づく申出制度（同法第60条）があり、これは同法

第 7 章　「現代の消費者主権」の実現

が禁止する行為があったときに、何人もそのことを申し出ることができる仕組みである。「消費者と行政が一体となって、取引の公正の確立および消費者の利益を守ることを目的に、消費者などからの情報を取り入れるために設けられ」たものである（松岡, 2011:76）。なお、申し出を行おうとする人への指導・助言等を行う機関として特定商取引法の指定法人として日本産業協会が指定されている。
http://www.nissankyo.or.jp/hou/ho810.html (2016.12.15)。

＊6　消費者の視点で政策全般を監視し、「消費者を主役とする政府の舵取り役」として、消費者行政を一元的に推進するための強力な権限を持った新組織を創設するための基本計画であり、2008（平成20）年6月27日に閣議決定された。そこでは「新組織の創設は、転換期にある現在の行政の関係者が『公僕』としての自らの活動の意味を再考する重要なきっかけを作るものであるとともに、消費者の更なる意識改革をも促すものである。その意味でこの改革は『消費者市民社会』というべきものの 構築に向けた画期的な第一歩として位置付けられるべきものである。」としている。

＊7　たとえば、東京都消費生活総合センターの出前講座の基礎講座（一般講座）を見ると、「悪質商法被害防止（若者向け・高齢者向け等）」、「ローンやクレジットのしくみとトラブル防止」、「インターネットやSNSのトラブル防止」、「契約とは何か／お金の使い方を考える」、「高齢者向け住宅の契約とトラブル防止」、「くらしの中の危険（ヒヤリ・ハット）」、「障害者の自立力を磨く」となっており、ほとんどが被害防止の内容である。
https://www.shouhiseikatu.metro.tokyo.jp/manabitai/de_koza/ (2016.11.02)

＊8　鳥取県消費生活センターでは「金融、情報メディア、悪質商法対策、社会的価値を考えた消費活動など、消費生活に関する様々な知識を習得できる講座」を消費生活センターが中心となり、関係機関・団体と連携しながら、消費者大学を開学している。
http://www.pref.tottori.lg.jp/item/1045857.htm#itemid1045857 (2016.11.02)。

＊9　例えば、国民生活センターでは2006年9月に「シュレッダーの安全性にかかわる情報―指切断などの事故を防ぐために―」という注意喚起文書を公表している。そこでは次の事例が報告されている。
「自宅兼事務所に設置していたシュレッダーに2歳8ヶ月（当時の身長100cm弱）の女児が手の指を挟んで9本切断するという事故が発生した。被害者の親がメーカーと交渉していたが、メーカーは取扱説明書や注意表示をもとに、「製品に欠陥はなく責任はない」と 主張。対応に納得できない。（事故発生年月：2006年3月静岡市）」http://www.kokusen.go.jp/pdf/n-20060915_1.pdf (2016.12.12)。

*10 前掲国民生活センター報告書。
*11 サステナビリティ消費者会議（CCFS）では消費者の事業者への申し出を支援するための「コンプレインレター」というツールを用意している。
またアメリカではコンプレインレターは消費者教育の教材（Consumer Action Handbook）としてホームページによって広く提供されている（USA. Gov., 2015:53-54）。
*12 2015年11月、ドイツの消費者団体（VZBV=Der Verbraucherzentrale Bundesverband e.V.以下、VZBVという。）はフォルクスワーゲン社に対し、排ガス不正問題に絡む購入者の損失を補償するためのバウチャーを提供するよう呼びかけた。http://www.vzbv.de/pressemitteilung/volkswagen-skandal-finanzielle-risiken-fuer-verbraucher（2016.12.12）。なお、バウチャーとは金券やクーポンのことである。
*13 例示として、「第三者裁判外紛争解決サービス」や「簡素化された少額訴訟制度」を挙げている（OECD, 2007:9）。
*14 例示として、「個々の消費者が他の消費者を代表して提起する訴訟」や「消費者団体が消費者を代表して提起する訴訟」を挙げている（OECD, 2007:10）。
*15 例示として、「民事又は刑事の手続きで裁判所に救済命令を要求する権限」や「救済を求める訴訟において代表者として行動する権限」を挙げている（OECD, 2007:11）。
*16 松本は、OECDの勧告に対して、我が国で「決定的に不足しているのは、第3のタイプ、すなわち『行政機関がイニシアティブをとって消費者の代わりに損害賠償訴訟を提起する』こと」と指摘している（松本, 2015:289）。
*17 消費者基本法は、消費者政策に関わる主体の責務について、国、地方自治体、事業者（団体）、消費者団体、そして最後に消費者の順番で消費者を補充的に位置付けている。
*18 消費者保護基本法第4条の事業者の責務は、商品等の危害の防止等のほかに行政の施策への協力、そして消費者からの苦情の処理を定めていたが、消費者基本法における事業者の責務を定める第5条では、消費者の権利の尊重及び自立の支援の基本理念をもとに、上記の責務以外にも、安全、取引の公正、消費者の知識・経験・財産の状況への配慮や環境保全なども加えられている。
*19 消費者基本法第6条。
*20 消費者基本法第8条。
*21 「消費者の被害を減らすような事業活動を直接規制するのは行政である」（鈴木, 2010:28）。
*22 化粧品や石鹸などにも新しい技術は導入されている。茶のしずく石鹸には、

第7章　「現代の消費者主権」の実現

加水分解小麦が使われ、それがアレルギーの原因になっていると言われ、美白化粧品で白斑になった事故も多発した（中村年春, 2015:4）。
＊23 「土壌汚染のある土地を知らずに購入した」場合には、PL法は、そもそも不動産を法の対象にしていないので、欠陥のある宅地を造成した製造者に欠陥責任を問うことができない（中村, 2015:5）。
＊24 消費者がリスクを理解し適切な行動を取るためには、リスク情報の開示を前提に「どうすれば人々にリスクを理解してもらえるか」、あるいは「リスクについての情報を如何にわかりやすく伝えるか」（吉川, 2013:132-133）の考察が必要であり、古谷（2014b）では「家電製品ＰＬセンターの事例開示」を例にして、消費者が判断して行動するための事故情報の開示の拡大を提案している。
　なお、Howell（2005）は、消費者の保護と経済の促進には消費者に利用可能な情報の拡大が重要であるとしながらも、一方で提供されたリスク情報を消費者が理性的に判断できるとは限らないことから、他の規制などの消費者政策のアプローチが必要であるとする。情報を消費者に提供すれば問題解決できるわけではないことから、消費者の実態に合わせた情報提供の方法などが検討されなければならない。
＊25 事例として、消費者代表が社外取締役への就任、品質諮問委員会や企業倫理委員会に社外委員として参加する例などがある（古谷, 2010:138-139）。
＊26 組織の社会的責任の規格であるISO26000では、組織の持続可能な社会への取組課題として「消費者課題」をあげており、これらの課題への取組みを通して「消費者利益の確保」を図ることができる。なお、そこで取り上げられている消費者課題は「公正なマーケティング、事実に即した偏りのない情報、及び公正な契約慣行」、「消費者の安全衛生の保護」、「持続可能な消費」、「消費者に対するサービス、支援、並びに苦情及び紛争の解決」、「消費者データ保護及びプライバシー」、「必要不可欠なサービスへのアクセス」、「教育及び意識向上」の７つとなっている（日本規格協会編, 2011: 46-164）。
＊27 「近年、事業者内部からの通報（いわゆる内部告発）を契機として、国民生活の安心や安全を損なうような企業不祥事が相次いで明らかになったことから、そうした法令違反行為を労働者が通報した場合、解雇等の不利益な取扱いから保護し、事業者のコンプライアンス（法令遵守）経営を強化するために、公益通報者保護法が平成18年4月に施行された」。
http://www.caa.go.jp/planning/koueki/gaiyo/（2016.12.15）。
＊28 内閣府では2005年「公益通報者保護法に関する民間事業者向けガイドライン」を策定し、「公益通報者保護法を踏まえて、事業者のコンプライアンス経営への取り組みを強化するために、労働者からの法令違反等に関する通報を事業者内

において適切に処理するための指針」を示している。
http://www.caa.go.jp/planning/koueki/minkan/files/minkan.pdf(2016.12.15)。

＊29　日本食品添加物協会,『よくわかる食品添加物』、『もっと知ってほしい食品添加物のあれこれ』。

＊30　東京商工会議所,『企業行動規範（第3版）』。
http://www.tokyo-cci.or.jp/survey/csr/(2016.12.15)。

＊31　http://nacs.or.jp/kankyo/label/label_9.html(2016.12.15)。

＊32　http://ccfs2014.jimdo.com/(2016.12.15)。

＊33　もちろん一般的には消費者団体とはいわれないNPO・NGO等が問題解決する例もあるが、本論文では消費者団体について、消費者問題を解決する団体の意味で使用している。(松本, 2014:9)も「『消費者団体』と称している団体だけが消費者団体だけではなく、自らを消費者団体と意識していない多くのNPOがまさに客観的には消費者団体として期待される機能を果たしている」としている。

＊34　内閣府, 2008a:135。「主な財源としては、商品テスト誌である『コンシューマー・リポーツ』を発行しており、2003年度には1億6,400万ドル以上の年間収入を上げたが、この収入の多くは、『コンシューマー・リポーツ』の販売によるものである。それ以外にも、CUは、財団からの特定の事業に対する助成金や支持者の遺産など、その他の資金もかなり受け取っている」(丸山, 2006:37)。

＊35　国からの資金援助を受けているが、政治的には中立な立場であり、その業務内容や重点に関し、独自に判断している（丸山, 2006:39）。
VZBVは2000年に「ドイツ全域で活動する3つの消費者団体が統合され」て誕生したもので、これにより「ドイツ各州の16の消費者団体および消費者政策活動を中心とするドイツの25団体が連携することになった」という（丸山, 2015: 176）。そして政府の資金援助は「ドイツ政府が消費者政策における消費者団体の役割を重視していることによるものである」（丸山, 2015: 176）といわれている。

＊36　LIXILでは製品安全パンフレットを消費者団体と共同で作成している。
『LIXILグループの「製品安全」の取組み』
http://ccfs2014.jimdo.com/%E6%B6%88%E8%B2%BB%E8%80%85%E5%BF%97%E5%90%91E4%BA%8B%E4%BE%8B/(2016.12.15)。

　ほかにも、三井住友海上株式会社など保険会社の多くは、支払事由に該当しない事案等を対象に「支払審査会」を毎月実施しており、そこに社外有識者として消費者代表が参加している。
http://www.ms-ins.com/company/aboutus/trust/improve/(2016.12.15)。

第 7 章　「現代の消費者主権」の実現

　これらは事業者の取組みに消費者の視点を反映させる意向と同時に、事業者だけではこれらの実現が難しいことから消費者の参加、特に問題意識を持って活動している消費者団体と協働して問題解決を図ろうという取組みである（古谷, 2010）。なお、雪印乳業（現　雪印メグミルクの企業再生に消費者代表の果たした役割を評価する研究もある（Mead et al., 2010）。

＊37　たとえば、前述したサステナビリティ消費者会議（CCFS）が策定した「コンプレインレター」について、策定過程において事業者のアドバイスを受けている。「コンプレインレター」は消費者の不満などの意向を伝えるものではあるが、事業者にそれを取り上げて活用してもらうことで消費者の声による事業者の問題改善に役立てようとしているために事業者の声を聞いたものである（小笠原, 2015:3）。

＊38　マルチステークホルダー・プロセスとは、「3者以上のステークホルダーが、対等な立場で参加・議論できる会議を通し、単体もしくは2者間では解決の難しい課題解決のために、合意形成などの意思疎通を図るプロセス」。
http://www5.cao.go.jp/npc/sustainability/forum/index.html（2016.12.15）。

＊39　2009年、持続可能な発展を目指す"公"の枠組みとして「社会的責任に関する円卓会議」が設立された。設立趣意書には「安全・安心で持続可能な社会を実現するためには、多様な主体が補完し合うことで、それぞれが役割を発揮しやすい環境を作り出すことが不可欠」と述べられている。
http://www5.cao.go.jp/npc/sustainability/forum/about/goal/statement.html（2016.11.17）。

　なお、同円卓会議は当初は「安全で安心な持続可能な社会のための社会的責任に関する円卓会議」の名称を使用していたが、2010年から上記名称を使用している（古谷, 2015a:95）。

＊40　ほかにもISO26000の規格もマルチステークホルダーによる合意のもとに策定されたものである。現在、持続可能な社会の形成に関わる問題の解決については国内的にも国際的にもマルチステークホルダー・プロセスが重視されている。本文以外の事例としても、「持続可能なパーム油のための円卓会議」（RSPO=Roundtable on Sustainable Palm。以下、「RSPO」という）や国連における「ポスト2015年開発アジェンダに関するハイレベルパネル」などの例がある。RSPOは、環境への影響に配慮した持続可能なパーム油を求める世界的な声の高まりに応え、WWFを含む7つの関係団体が中心となり2004年に設立されたものである。
WWFジャパン『RSPOについて』
http://www.wwf.or.jp/activities/resource/cat1305/rsportrs/（2016.12.15）。

＊41 「市民が行政に頼らずMSPの枠組みを担っている『みらいふぁんど沖縄』では、事業者、団体、個人などとの橋渡しにより、地域のあらゆる主体が公益を担い、沖縄の未来を支え合う社会の実現に寄与することを目的とし、多数の地域円卓会議を開催し、NPOが地域の課題を解決するためのMSPの枠組みを担っている」例などがある（古谷，2015a:106）。
＊42 改正個人情報保護法第53条。「認定個人情報保護団体」とは、民間団体による自主的な取組みを支援することを目的として主務大臣の認定を受けた団体である。（同法第47条〜第58条）。
＊43 改正個人情報保護法第53条は認定個人情報保護団体の個人情報保護指針の作成について、次のように定めた。
　「認定個人情報保護団体は、対象事業者の個人情報の適正な取扱いの確保のために、個人情報に係る利用目的の特定、安全管理のための措置、開示等の請求に応じる手続き、……その他の事項に関し、<u>消費者の意見を代表する者その他の関係者の意見を聴いて</u>、この法律の規定の趣旨に沿った指針（以下「個人情報保護指針」という）作成するよう努めなければならない。」（下線筆者）。
　http://www.ppc.go.jp/files/pdf/270909_kaiseiho_sinkyu.pdf(2016.12.15)。
＊44 2015年10月21日から消費者庁に「消費者団体訴訟制度の実効的な運用に資する支援の在り方に関する検討会」が開始されている。2013年12月に公布された消費者裁判手続特別法を踏まえ、被害回復関係業務等の適正な遂行に必要な資金の確保、情報の提供、その他の支援の在り方に関する事項について検討を行うものである。
　http://www.caa.go.jp/planning/index16.html(2016.12.15)。
＊45 内閣府，『社会的責任に関する円卓会議』
　http://www5.cao.go.jp/npc/sustainability/forum/about/index.html(2016.12.15)。

第8章
多様な事例を通して考える「現代の消費者主権」の実現

　本章では、消費者の二面性を踏まえながら、多様な事例を通して「現代の消費者主権」の実現を考えてみたい。「現代の消費者主権」の実現に必要な主権者としての消費者側の行動とこのような消費者を支援する側の取組みをともに考察する。事例で見ることによって、消費者や他の主体の取り組みが具体的にどのようなものかが理解できるものと考える。
　消費者の行動としては、問題に対して、消費者にはどのような影響があるかについては消費者の権利の側面から、そして消費者としてどう動いているか、動く必要があるかについては消費者の役割の側面から考察する。つぎに、企業、行政、消費者団体やNGOなどの市民組織については、消費者が主体的に行動するために、どう関わっているかなど消費者支援の側面から考察する。
　「現代の消費者主権」を示す具体的な事例については、10のパターンを取り上げる。これらのパターンは、取組内容、取組方法、そして関係者など、多様な側面からピックアップした。

1．安全とリスク

　現在、商品の安全性に関する法令や規格などの基準は多数存在し、消費者の基本的な安全性は確保されている。しかし、「第2章　市場経済における消費者と消費者問題」で示したように、さまざまな被害が発生してから基準がつくられてきたのであり、市場に新たに登場した商品の安全性が問題になることは少なくなく、消費者の安全を求める権利の主張が依然として重要な意味を持つ。また従来からある商品が寿命を考慮せずに使われ続けることで問題になることもある。
　あるいは、安全上の基準はクリアされていても、リスクをゼロにすることはできず、それに対しては、企業が取扱説明書やラベル等で消費者に警

告を行い、消費者はそれらの注意を守って使う役割があるが、現実の事例は複雑である。企業が本来商品の設計上でリスクを低減する必要があるのに十分ではなく、表示に頼っている場合もないわけではない。一見消費者の誤使用に見える事故であっても、その誤使用が事前に想定されるのにこれらを考慮しない結果、事故が起きることもある。

どこまでが企業の責任か消費者の責任か、時代や社会状況によって変わり議論になることも多い。シュレッダーによる事故やガス瞬間湯沸かし器の事故などでは問題になった。

2005年から2006年にかけてはパロマガス瞬間湯沸かし器など大きな製品事故が発生し、企業や経済産業省の対応などが批判され、その後消費生活用製品安全法が改正され、重大事故の報告義務や公表制度が設けられた（コラム3）。

コラム3　パロマガス瞬間湯沸かし器事故と消安法改正

1996年3月、マンションで青年が死亡した事故について、両親が2006年2月に再捜査を依頼して、死因が一酸化炭素中毒によることが認識されたもので、パロマ製瞬間湯沸器不具合の疑いが持ち上がり、警視庁は経済産業省に報告した。

調査の結果、同省はパロマ製瞬間湯沸器による一酸化炭素中毒事故が発生し、死傷者が出ていたことを報道発表した。事故件数は1985年1月より21年間で28件（死亡21名、重軽傷19名）。原因は、故障した湯沸器の不正改造で、パロマは1985年の事故発生当初からそれを認識しながらも、消費者などに十分な告知をせず被害が拡大したものである。そして経済産業省は、2006年8月28日に製品回収命令を発動した。

なお、経済産業省は、2005年1月の松下電器石油ファンヒーター死亡事故、2006年2月パロマ湯沸器死亡事故発覚、2006年3月の家庭用シュレッダーによる幼児の指先切断事故などの重大事故が相次いだことから、経済産業省は重大事故の報告義務、主務大臣による公表等の規定を盛り込む改正法案を作成した。改正法は2006年12月に公布され、2007年5月14日に施行された。

出所：飯野（2006）*1、張田・畑村（2007）*2、経済産業省「製品安全ガイド」をもとに筆者作成。

第8章　多様な事例を通して考える「現代の消費者主権」の実現

2．消費者の選択基準

　商品の選択基準は価格だけではない。衣服の場合はデザインも重要な基準になり、安全を犠牲にしてデザインを優先し、被害を受けてしまうこともある。しかし、消費者がその商品に安全上の問題のあることを知っていれば買わないという選択の可能性も高い。しかし、企業は消費者のニーズを優先し、安全上のネガティブな情報は知らせず（知らせにくい）、結果的に消費者の安全が犠牲になることもある。消費者はリスク表示を求める、安全基準を設定することを求めていく必要がある。消費者の安全への要求の強さが、企業が安全な製品を提供するインセンティブにもなる。
　消費者問題の「問題点」の箇所で、安全に関して欧米では規格があるのに日本では規格が存在しないという問題の背景に安全に関する消費者の意識や行動の差異があることを述べた。前述した「子ども服のヒモによる事故」について、日本の消費者は自己責任として、企業の問題を指摘しない結果、企業や行政の取組みを遅らせ、社会における安全問題の解決がはかれなかったと見ることもできる＊3。
　この問題については、前に述べたように、2011年に消費者団体としてNACSの研究会が子ども服のヒモに関する規格を提案し、2015年にJISL4129「子ども用衣料の安全性－子ども用衣料に附属するひもの要求事項」として制定されたが、このような取組みは消費者団体および行政が消費者の主体的な選択を可能にするための支援を行ったと見ることができる。

3．苦情の申し出

　消費者はさまざまな理由によって商品やサービスを起因とする被害や不利益を受けることがあり、消費者には「被害が適切かつ迅速に救済される権利」が認められている。現在、企業のみならず、行政、さらには消費者団体等の組織において消費者からの声を聴く仕組みは存在する。
　しかし、消費者がそのような権利を行使するとは限らない。なかには苦情等の申し出をためらう消費者も多い。
　苦情の申し出率の参考として、前述の2015年の消費者庁の調査＊4を見ると、この1年間に購入した商品、利用したサービスについて、消費者被

害の経験が「ある」と答えた人の被害事例について、誰かに相談又は申出を「した」と回答した事例は51.7％、「誰にもしていない」は44.9％。また、相談又は申出をした相手は、「商品やサービスの提供元であるメーカー等の事業者」が46.3％、「家族、知人、同僚等の身近な人」が37.0％、「商品・サービスの勧誘や販売を行う販売店、代理店等」が32.0％、「市区町村や消費生活センター等の行政機関の相談窓口」が7.0％であった。

苦情の申し出の重要性については、アメリカの消費者教育のテキストにも載っている（USA.Gov., 2015:53-54）が、現在では、日本の学校の消費者教育のテキストなどでも掲載されるようになっている（鶴田・大竹ほか,2014:222）＊5。消費者による苦情等の申し出行為は自己の不利益を解消するのみならず、企業に問題があればそれを改善し、同様の問題がある場合は社会全体として問題を解決するきっかけにもなるものであり、消費者の行動が市場の健全化に果たす役割は大きい。消費者団体の支援の一つとして、サステナビリティ消費者会議（CCFS）においても消費者の苦情申し出の促進として「コンプレインレター」の解説と見本を作成している（小笠原,2015:3）。

4．意見表明・提言

苦情の申し出に限らず、現在、消費者が意見や提言を発信する機会は非常に多くなっている。企業に対するものに限らず、メディアやSNS（= Social Networking Service）などもある。

国や自治体に関するものとしては、法律や制度の変更などの際に行うパブリックコメント（意見公募手続制度）＊6なども消費者の重要な発信手段である。また国や自治体の審議会や委員会などにも消費者団体が参加し、消費者利益の実現のための意見表明を行うことも広く行われている。これは「消費者の意見が消費者政策に反映される権利」の発現である。消費者基本計画では「消費者が主役となって選択・行動できる社会の形成」の一つとして「消費者の意見の反映」を目指し、「消費者問題に関連する国の審議会等について は、消費者の意見を代表する委員の範囲の考え方を整理し、これまでの選任実績について検証を行い、消費者の意見を代表する委員の選任を推進する」とうたっている（消費者庁, 2015b:25）。

第8章 多様な事例を通して考える「現代の消費者主権」の実現

　消費者団体は「第2章　市場経済における消費者と消費者問題」で述べたように、戦後からさまざまな消費者運動や政策提言などを行ってきており、法律や行政の仕組みへの影響を及ぼしてきた。商品販売への影響力を及ぼしたものとして消費者団体や市民組織の提言として、ペットボトル入りビールの問題（コラム4）がある。企業の提供する商品の消費者や環境への負の影響が及ぶ可能性を指摘したものである。

> **コラム4**　主婦連やグリーンピースによるペットボトル入りビールへの抗議
>
> 　主婦連は2004年7月アサヒビール株式会社に「ペットボトル入りビール」について公開質問状を提出している。主婦連の主な主張は「ペットボトル容器は循環型社会の確立に逆行するばかりでなく、地球環境の悪化につながる」として、「『工場内のごみゼロ』や『アサヒスタイニー』というリターナブルびんを販売している」同社の責任を問うもとしている。また「未成年者飲酒防止の観点からも、ペットボトル入りビールは問題がある」としている。
>
> 　また国際環境NGOグリーンピースもインターネット上で消費者の生の声を集め、同社にペットボトルビールの発売を止めさせることに成功したとしている。

出所：主婦連およびグリーンピースのホームページ＊7およびアサヒビール＊8をもとに筆者作成。

　なお、特に持続可能性に関わる森林保護、有害化学物質の使用・排出ゼロ、動物福祉などさまざまな社会課題に対しての問題提起は消費者団体よりもその他の市民組織による問題提起が活発であるが、これらによって企業も自社の製品開発や調達方針を変更する事例も増えている。

5．情報格差の克服

　消費者は商品を選択する際に十分な情報があるとは限らない。ガルブレイス（Galbraith, 1998, 鈴木訳, 2006:199-210）はその著書「ゆたかな社会」において、消費者は企業の膨大な広告宣伝による「依存効果」のなかにいるとした。安田は消費者が市場に依存しなければならない実態を整理して

次のように述べている（安田, 2006：39）。

> 市場に依存しなければ生活を営めない状況はますます徹底し、消費者が全面的に依存する市場においては、強大な資本力・技術力・組織力・情報量をそなえた事業者（企業）と、個々バラバラな生身の個人である消費者との力の格差は決定的になった。消費者は企業が与える情報に頼らなければ、生活に必要な商品・サービスの存在すら知ることができず、製品の品質・機能やサービスの内容を正確に理解して選択することは非常に困難になり、商品・サービスの購入や利用によって被害を受けた場合には、企業という強力な相手と交渉しなければならない。市場においては対等なはずの両者の関係は、きわめてバランスを欠く非対称なものとなった。

私たち消費者の生活は企業の提供する商品・サービスを購入・使用することで成り立ち、その情報は企業が発信する情報が元になっている。消費者の生活は市場に依存せざるを得ない結果、消費者と企業間におけるさまざまな格差にもとづく消費者問題が発生する。

市場の情報格差等がある実態においては、消費者の個人の努力には限界があることから、消費者政策が必要とされる。たとえば、消費者庁や消費生活センターなどの行政は消費者に選択のための情報や注意喚起などさまざまな情報の提供、企業は自社の商品・サービスに関連した注意情報や啓発などの実施、そして消費者団体は現在起きている問題への注意喚起や消費者教育などを通した情報発信を行っている。

世界の代表的な消費者情報誌として、まず消費者団体が提供するものとして、アメリカの「Consumer Reports」、イギリスの「Which?」、フランスの「Que Choisir」、ベルギーの「Test-Achats」、オーストラリアの「Choice」などがある。ほかに財団・政府機関が提供するものとして、ドイツの「Test」、フランスの「60 Milions de consommateurs」、韓国の「消費者時代」がある（丸山, 2015:168）。

しかし、日本では、かつて国民生活センターや日本消費者協会、さらには「暮らしの手帖」などが商品テスト情報を掲載していたが、あまり活発に行われていたとは言い難い。その背景には日本の消費者はこれらの情報

第8章 多様な事例を通して考える「現代の消費者主権」の実現

をほとんど活用しないことが挙げられる。情報格差をどう縮めるかは大きな課題であり、消費者の意識や行動のほかにも行政や消費者団体などの市民組織の情報提供の在り方も課題となる。

6．グリーン消費

　1980年代になると、環境に配慮するグリーンコンシューマー運動が見られるようになる*9。環境に配慮された商品を「買う」という「選択」によって、企業の環境に配慮した商品、サービスづくりを促し、あるいは応援していこうという活動である。私たち消費者一人ひとりの力は弱くても、それらの力が集まることによって市場への大きな影響力を及ぼすことになる。このような消費者の「選択」は「社会への投票」として注目されている（日本弁護士連合会, 2016:49）。省エネ家電、エコドライブなど多様な事例がある。

　国による消費者の選択を促すための取組みも活発である。環境省では低炭素社会に向けたさまざまなアクションとして、COOL BIZ（クールビズ）やWARM　BIZ（ウォームビズ）はよく知られているが、さらに、省エネ・低炭素型の「製品」「サービス」「ライフスタイル」など、温暖化対策に資するあらゆる「賢い選択」を促す国民運動「COOL CHOICE（クールチョイス）」を、関係省庁や様々な企業・団体・自治体等と連携しながら推進している*10。

　ほかにも消費者庁が関係5省庁と連携して企業と家庭、双方における食品ロスの削減を目指し、国民運動「NO-FOODLOSS（食品ロス）プロジェクト」を展開しているものもある*11。政府広報オンライン情報*12によれば、日本国内における年間の食品廃棄量は、食料消費全体の3割にあたる約2,800万トンで、このうち、売れ残りや期限を超えた食品、食べ残しなど、本来食べられたはずの、いわゆる「食品ロス」は約632万トンとされている。これは、世界中で飢餓に苦しむ人々に向けた世界の食料援助量（平成26年で年間約320万トン）を大きく上回る量であり、日本人1人当たりに換算すると、"お茶碗約1杯分（約136g）の食べ物"が毎日捨てられている計算となる（図21）。

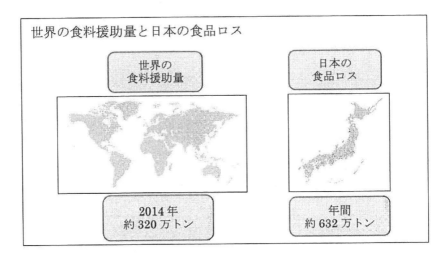

図21　世界の食料援助量と日本の食品ロス
出所：政府広報オンライン，「世界の食料援助量と日本の食品ロス」をもとに筆者作成。

　家庭においても食品ロス全体の約半数にあたる年間約302万トンが発生し，食材別にみると最も多いのは野菜，次いで調理加工品，果実類，魚介類となっている。食品を食べずに捨てた理由として多いのは，「鮮度の低下，腐敗，カビの発生」「消費期限・賞味期限が過ぎた」である。また家庭から出される生ごみの中には，手つかずの食品が2割もあり，さらにそのうちの4分の1は賞味期限前にもかかわらず捨てられているものもあるとのことである。

　日本の食料自給率は現在39％（平成27年度）で，大半を輸入に頼っていながら，その一方で，食べられる食料を大量に捨てているという現実がある。企業のみならず，消費者も食品ロスを減らすために，食べ物をもっと無駄なく，大切に消費していくことが必要とされる。

7．エシカル消費

　最近はエシカル消費という言葉もよく聞くのではないだろうか。エシカ

第8章　多様な事例を通して考える「現代の消費者主権」の実現

ルは倫理的という意味だが、そこには環境のみならず、人権や労働問題など不公正は取引等を考慮に入れた消費も含まれている。グリーン消費と同様、消費者がエシカルという基準で商品を選択することによって市場を公正で持続可能なものに変えていこうというものである。

　英国では、1989年に「ethical consumer（エシカルコンシューマー）」という専門誌が創刊され、年に6回発行されている*13。1998年には企業、労働組合、NGOによるパートナーシップ「Ethical Trading Initiative（エシカル・トレーディング・イニシアチブ）」*14も発足している。日本でも2014年に「日本エシカル推進協議会」が誕生するなど、エシカル消費が注目されるようになってきた。

　エシカル消費の事例としては不公正な取引に関わるさまざまなものが含まれ、エシカルファッション、エシカルジュエリーなどが知られているが、もちろんこれらに限られるものではなく、何が含まれるかについては明確なものがあるわけではない。消費者庁が2015年に設置した「『倫理的消費』調査研究会」では、倫理的消費に当たる具体的な消費行動の例として、「人への配慮」としては障害者支援につながる商品等の消費、「社会への配慮」としては、フェアトレード商品や寄付付きの商品等の消費が挙げられている。また、「環境への配慮」としては、エコ商品、リサイクル製品、資源 保護等に関する認証がある商品等の消費、「地域への配慮」として、地産地消や被災地産品の消費が挙げられている（消費者庁, 2016c:3）*15。

　なお、被災地産品の消費については、海外とは異なる事例であり、日本特有なものとして「応援消費」とも言われている。2011年の東日本大震災の際に「被災地産品を買って支援」という「応援消費」が見られようになったもので、いまもなお続いている。

　またエシカル消費の一つにフェアトレードがある。フェアトレードとはフェアトレードジャパンによれば、「公平な貿易」、あるいは「開発途上国の原料や製品を適正な価格で継続的に購入することにより、立場の弱い開発途上国の生産者や労働者の生活改善と自立を目指す『貿易のしくみ』」をいう。「現在のグローバルな国際貿易の仕組みは、経済的にも社会的にも弱い立場の開発途上国の人々にとって、時に『アンフェア』で貧困を拡大させるものだという問題意識から、南北の経済格差を解消する『オルタナティブトレード：もう一つの貿易の形』としてフェアトレード運動が始

まったのである」*16。

なお、持続可能な社会に関わる消費については、エシカル消費やフェアトレード、あるいは持続可能な消費などさまざまな用語が飛び交っている。これらは発祥をたどれば異なる経緯をもつが、ほとんど同じ内容のものを含んで使用されることも多い。しかし、消費者から見るとこれらの関係性が分かりにくい面も否めないため、これらの用語の関係を整理してみた（コラム5）。

コラム5　持続可能な消費、フェアトレード、エシカル消費との関係

　持続可能な社会に関わる消費については、持続可能な消費、フェアトレード、エシカル消費などが使用されており、これらに含まれる事例も共通のものもあれば異なるものもあり整理統一されていない。その結果、受け取る消費者の本質的理解が進まず、消費者の行動に結び付きにくいという問題もある。それぞれに用語の背景もあり、統一された用語は使用しにくいが、少なくともこれらの用語を整理する必要はあるだろう。

　「持続可能な消費」は持続可能性に関わる消費をすべて含むものであり、この用語使用のメリットは持続可能な社会に関わる消費をすべて含むということであるが、他方具体的な消費の内容をイメージしにくいというデメリットもある。

　他方、「フェアトレード」は取引の公正に着目した用語、「エシカル消費」は消費者の選択の際の倫理という側面に着目した用語であり、「持続可能な消費」に比べて目的や内容が明確であるという利点もある。そこで広く持続可能な社会を問題にするときは「持続可能な消費」を使用し、具体的な問題として持続可能な消費のうち何を問題にしているかを明確にする際にはフェアトレードやエシカル消費の用語を使用するとわかりやすいのではないか。

出所：筆者作成。

8．ラベルの活用と監視

　グリーン消費やエシカル消費など消費者の選択によって市場に影響を及ぼすことはできるが、消費者が、具体的な商品やサービスがグリーンかどうか、エシカルとどうかを判断することは意外にむずかしい。そのような

第 8 章　多様な事例を通して考える「現代の消費者主権」の実現

消費者の選択を助けるものに、多種多様なラベルがある。
　たとえば、環境ラベルを例にすると、「国及び第三者機関の取組による環境ラベル」（図22）、「事業者団体の取組による環境ラベル」、「事業者の取組による環境ラベル」「地方公共団体の取組による環境ラベル」などがある*17。

図22　国及び第三者機関の取組による環境ラベル
出所：環境省「環境ラベル等データベース」。

　このようなラベルは消費者の選択を助けることになるはずであるが、数の多さ、そしてラベルには第三者機関が認証するものもあれば、企業が規格にもとづいて自己宣言するものもあり、その内容や信頼性を判断するには多くの困難が伴う。企業が自己宣言するタイプのラベルについては「第三者の認証を必要とはしないので、このタイプの環境ラベルが信頼できるかどうかは、環境主張をする企業と選択をしようとする消費者の間で直接に主張の確認をする」*18ことになる。それが消費者にどれだけ可能なのかは疑問である。そこでは消費者団体や市民組織の力が必要になる。
　英国の雑誌「エシカル・コンシューマー」の創刊メンバーであり主筆を

務めるロブ・ハリソン氏は講演のなかで、ヨーロッパのエシカル消費運動は、①ボイコット、②調査、③エシカルな企業との連携、④認証ラベル、⑤ランキングという5つのステップを経て発展してきていると紹介し、ラベルの信頼性については、NGOや消費者が監視していくことが必要であると指摘した[19]。

なお、雑誌「エシカルコンシューマー」はエシカルの視点で調査した結果をランキング等で公表しており、消費者のエシカル消費の選択を助けている[20]。

9．生産過程への評価

消費者は完成商品の価格や質のみならず、生産過程の評価をすることまで期待されるようになっている。グリーン消費もエシカル消費も実は企業の商品・サービスの生産過程を環境、あるいはエシカルという基準で評価することである。

原料調達においては地球資源の生物多様性などが考慮されているか、製造工程において児童労働が行われていないか、労働環境が人権に配慮されているかなど、その生産過程を見ることによって、企業の商品等を評価して購入あるいは不買につなげる、さらには問題の改善を求めることで社会や地球の持続可能性の実現を促すことになる。

しかし、生産過程の評価は企業あるいはNGO等の市民組織がその実態を公表しない限り、消費者には判断する材料がない。もちろん情報があってもそれを活用して判断するという消費者側の意識も問題になるが、まずは消費者が容易に情報にアクセスできることが必要である。

市民組織による消費者への情報提供の一つとして、2016年12月2日に公表されたアムネスティ・インターナショナル[21]の例を紹介する。同団体は次のような報告をホームページ上で行っている[22]。

> アムネスティは、インドネシアのパーム油生産における違法労働の実態を調べ、それを世界的に知られる企業が支えている実態を明らかにした。調査したのはパーム油生産で世界最大手のウィルマー・インターナショナルが経営するアブラヤシ農園で、そこで作られるパーム

第8章　多様な事例を通して考える「現代の消費者主権」の実現

油が、次の9社に供給されていることがわかった。その9社とは、AFAMSA、ADM、コルゲート・パーモリーブ、エバランス、ケロッグ、ネスレ、プロクター＆ギャンブル、レキットベンキーザ、ユニリーバだ。

　アムネスティ・インターナショナルは同報告のなかで「これら国際的な企業は、サプライチェーン（原材料などの調達過程）で起きている労働者の搾取問題に対して見て見ぬ振りをしている。消費者には、サプライチェーンで労働搾取はないといいながら、実は恐るべき人権侵害が行われ、それによって利益を得ているのだ。スーパーで、環境保全や社会倫理に配慮した商品を購入し、倫理的に正しい製品を選択していると信じている消費者にとって、これは衝撃的な事実だ。」と指摘している。

10．ステークホルダーダイアログ・エンゲージメント

　消費者の主体的な行動の仕方として、最近注目されているものにステークホルダー・ダイアログやステークホルダー・エンゲージメントがある。これらはISO26000（組織の社会的責任の手引き）でも重要な取組みとされており、特に企業のCSRの取組みを助けるものである。ステークホルダー・ダイアログは「対話」と訳されるが、ステークホルダーとともに社会課題の発見やこれらの課題への取組みの優先順位などを決定する際に実施されることが多い。ステークホルダー・エンゲージメントは「組織の決定に関する基本情報を提供する目的で、組織と1人以上のステークホルダーとの間に対話の機会を作り出すために試みられる活動」（日本規格協会編, 2011: 41）とされ、「単にステークホルダーからの意見を聞くための懇談会などはここでいう『エンゲージメント』とはみなされない。具体的な例として、会議、ワークショップ、公聴会、諮問委員会、円卓会議、団体交渉、インターネット討論などがあり（日本規格協会編, 2011:75）、「社会的責任の実践のプロセスではステークホルダー・エンゲージメントが重要な役割を果たす。」（熊谷, 2011:81）。

　消費者や市民が企業に働きかけることによって企業の持続可能な社会への取組みを促し、ひいては消費者としての社会課題を解決していくことに

なるものと考える。
　次に、異なるタイプの事例を三つ取り上げる。

■大和ハウス工業「ステークホルダー・ミーティング」*23
　大和ハウス工業では、2004年からステークホルダー・ミーティングを実施しており、2015年度で第12回を迎えた。各年のテーマは下記のとおりである。特徴は参加するステークホルダーが、入居者、お客様、NGO、地域行政、近隣企業、学生、取引先、従業員など多様であることと、第3回以降は参加者を公募していることである。第12回は20名が参加している。
＜テーマ＞
・第1回　施工現場でのゼロエミッションへの挑戦
・第2回　住まいと健康、環境・CSRの取り組み
・第3回〜第7回　社会に支持される会社を目指して
・第8回　大和ハウス工業が優先的に取り組むべき社会課題
・第9回　大和ハウス工業が優先的に取り組むべき社会課題の解決に向けて
・第10回　女性が活躍できる会社を目指して
・第11回　エンドレスハートの価値を高める情報発信のあり方とは
・第12回　創業60周年を迎えた大和ハウス工業が将来に向けて期待される役割とは
　同社ではステークホルダー・ミーティングを「自社の情報開示とともに市民社会の意見・提言の受け皿」と考えている（千賀, 2010）とのことである。

■化粧品の成分の動物実験廃止を目指す円卓会議（2010年〜2014年）
　資生堂は、代替法に基づく安全性保証体系を確立し、これにより2013年4月から開発に着手する化粧品・医薬部外品における動物実験を廃止している（なお、社会に対して安全性の説明をする必要が生じた場合を除く）*24。これらの決定に際して行われた、資生堂での動物実験廃止に関する円卓会議が注目される。
　資生堂は、「化粧品の成分の動物実験廃止を目指す円卓会議」を2010年6月から2014年の5年間にわたって開催し、研究者、マスコミ、市民組織などの多用なステークホルダーが参画した意見交換を行っている。

第8章　多様な事例を通して考える「現代の消費者主権」の実現

　第1回の意見交換において、同円卓会議開催のきっかけを作ったNPO法人 動物実験の廃止を求める会（JAVA）理事の亀倉弘美氏は、2009年初頭から資生堂への「動物実験反対キャンペーン」を行ったり、約46,000人もの消費者の署名を集めたりしていると報告している*25。

■「子どもに影響のある広告およびマーケティングに関するガイドライン」の策定（2015年～2016年）
　セーブ・ザ・チルドレン・ジャパン*26が事務局を務めた「子どもの権利とマーケティング・広告検討委員会」が「子どもに影響のある広告およびマーケティングに関するガイドライン」を2016年11月1日に公表した。これはセーブ・ザ・チルドレンが国連グローバル・コンパクト、ユニセフとともに2012年に発表した「子どもの権利とビジネス原則」に基づいたもので、原則6の「子どもの権利を尊重し、推進するようなマーケティングや広告活動を行う」に関する具体的な取組みである。上記の委員会は2015年9月に発足し、企業、NGOに加え、有識者、関連機関から構成される委員会であり、企業の広告とマーケティングにおける子どもの権利の保護、および子どもの健全な育成への貢献を産業横断的に推進することを目的にして設立された*27。
　同ガイドラインの前文には次のような子どもに対する企業の広告やマーケティングへの影響を踏まえた企業の取り組みを求めた記載がある。

　　　子どもは、保護者のもとで消費生活を営むが、消費行動の経験値および判断力は大人に比べると未熟である。そのため「消費者としての子ども」を保護するという観点から、子どもの権利を尊重し、推進する、責任ある広告やマーケティングのための企業による取り組みが求められている。この点で、ISO26000は、広告およびマーケティングを行う際には、子どもを含む社会的弱者の利益を害する活動に関与しないことを求めている。

　消費者としての子どもは大人と比べてはるかに企業の広告やマーケティングに影響を受けやすい結果、直接間接の被害を受けることがある。この問題にNGOを中心にして、さまざまなステークホルダーが協力してガイ

ドラインを策定したものである。

このような特定の社会課題について、NGOなどの市民組織が問題を提起し、企業や有識者などが対話をしながら、一つの解を見出していく方法は近年注目されているものである。特に持続可能性に関わる社会課題は複雑であり、一つのステークホルダーだけの取り組みでは解決が難しく、マルチステークホルダーによる円卓会議などを開催して解決をしていく多様な事例が生み出されている。たとえば、前述した「社会的責任に関する円卓会議」(2009年～)のほか、持続可能な開発のための教育(ESD)円卓会議(2016年～)[28]、持続可能な開発目標(SDGs)推進円卓会議(2016年～)[29]など事例は多い。このような取組みのなかで消費者が、他のステークホルダーとともに当事者として消費者の利益の在り方を考え、課題解決に参画していくことは「消費者市民社会の形成への参画」(消費者教育推進法第2条)に重要となっていく。

註
- [1] 飯野謙次(2006),「パロマガス沸かし器事故」『失敗年鑑2006』失敗学会。http://www.shippai.org/shippai/html/index.php?name=nenkan2006_07_Paloma(2016.12.13)。
- [2] 張田吉昭・畑村洋太郎(2007),「松下電器製石油ファンヒータートラブル」『失敗知識データベース』失敗学会。http://www.sozogaku.com/fkd/cf/CZ0200710.html(2016.12.13)。
- [3] 「子ども服に起因する事故が発生した際、自分の責任と考える親が多く、事故情報を社会で共有しようと考える事は少ない。」(NACS標準化を考える会、2012:10)。
- [4] http://www.caa.go.jp/adjustments/pdf/160609_kekka.pdf(2017.12.20)。
- [5] 「消費者の権利と責任」という項目のなかで、「A社にあてた手紙」と「企業からの返事」が掲載されている。
- [6] 国の行政機関が政令や省令等を定めようとする際に、事前に、広く一般から意見を募り、その意見を考慮することにより、行政運営の公正さの確保と透明性の向上を図り、国民の権利利益の保護に役立てることを目的としている。平成17年6月の行政手続法改正により法制化され、それまでの「規制の設定または改廃に係る意見提出手続(平成11年閣議決定)」に基づく意見提出手続に代わって導入された(行政手続法平成5年11月12日法律第88号第38条、39条)。http://www.e-gov.go.jp/help/public_comment/about_pb.html(2016.12.09)。

第8章　多様な事例を通して考える「現代の消費者主権」の実現

＊7　http://www.greenpeace.org/japan/ja/campaign/toxics/pet_beer/ (2016.12.08)。
＊8　主婦連『申し入れ・要望　アサヒビールのペットボトル容器入りビール発売に関する公開質問書　2004年7月30日』。
　　http://www.shufuren.net/modules/tinyd9/index.php?id=14 (2016.12.09)。
　　アサヒビール『2004年7月8日ニュースリリース（ビール用PETボトル開発について）』。https://www.asahibeer.co.jp/news/2004/0708.html (2016.12.06)。
　　アサヒビール,『2004年9月30日ニュースリリース（PETボトル容器入りビール新商品の発売中止について）』。
　　https://www.asahibeer.co.jp/news/2004/0930.html (2016.12.06)。
＊9　グリーンコンシューマー全国ネットワークが「グリーンコンシューマー買い物10の原則」などを作成している。
　　http://www.kankyoshimin.org/modules/activity/index.php?content_id=57 (2016.12.12)。
＊10　https://ondankataisaku.env.go.jp/coolchoice/about/ (2016.11.20)。
＊11　http://www.caa.go.jp/adjustments/index_9.html (2016.11.20)。
＊12　http://www.gov-online.go.jp/useful/article/201303/4.html#anc01 (2016.11.20)。
＊13　エシカルコンシューマーは「消費者に選択のための手段と方策を提供している」。
　　http://www.ethicalconsumer.org/ (2016.12.06)。
＊14　2000年1月には取引の倫理規範を策定し、世界中の人々の労働環境の向上に取り組んでいる。http://www.ethicaltrade.org/ (2016.12.06)。
＊15　同研究会では「消費者の視点からみた倫理的消費」について、「社会的に求められる課題に対して、消費者が消費行動を通じて取組を支援し、課題の解決に貢献するということが、これまで以上に盛んになることは、消費者が社会的責任を果たし、消費者主権を確立するという観点からも意義のあることである」と消費者主権に言及している（消費者庁, 2016c:5）。
＊16　http://www.fairtrade-jp.org/about_fairtrade/000012.html (2016.12.09)。
＊17　https://www.env.go.jp/policy/hozen/green/ecolabel/f01.html (2016.12.06)。
＊18　NACS「環境ラベルの3つのタイプ」
　　http://nacs.or.jp/kankyo/label/label_3.html (2016.12.06)。
＊19　2016年10月2日「エシカル消費と動物への配慮を考えるシンポジウム」。
　　http://www.aiecs.net/ (2016.11.20)。
＊20　Jan/Feb 2017発行の「PREVIEW ISSUE 164 as a flip-book」の10ページではBookshopsの「環境」「動物」「人間」などの項目について、ブランドごとに評価し、20点中のethicscoreを付けたものを公表している。
　　http://www.ethicalconsumer.org/portals/0/flipbooks/issue164teaser/#10/z (2016.12.13)。

＊21 アムネスティ・インターナショナルは、1961年に発足した世界最大の国際人権NGO。市民の自発的な行動による人権状況の改善へのさまざまな取り組みが認められ、1977年にはノーベル平和賞を受賞している。
http://www.amnesty.or.jp/about_us/(2016.12.06)。
＊22 アムネスティ・インターナショナル「2016年12月2日[国際事務局発表ニュース]」「ユニリーバ、ネスレ、P＆Gなど世界的大企が人権侵害に加担」
http://www.amnesty.or.jp/news/2016/1202_6524.html(2016.12.06)。
＊23 http://www.daiwahouse.com/sustainable/csr/stakeholder/index.html（2016.12.13）。
＊24 資生堂,『動物実験と代替法に対する取り組み』。
http://www.shiseidogroup.jp/csr/challenge/experiment/(2016.12.06)。
＊25 資生堂,『ご参加いただいた皆さまからのご意見・ご提案』。
http://www.shiseidogroup.jp/csr/communication/canference/20100602.html(2016.12.06)
＊26 セーブ・ザ・チルドレンは、子ども支援活動を行う、民間・非営利の国際組織で、1919年に設立され、セーブ・ザ・チルドレン・ジャパンは1986年に設立された。
＊27 http://www.savechildren.or.jp/partnership/crbp/pdf/fm.pdf(2016.12.06)。
＊28 文科省では、我が国において、持続可能な開発のための教育（ESD）をより一層推進していくため、NPO、教育機関、地方自治体、企業等の関係者が集まり、ESDに関するグローバル・アクション・プログラムを踏まえた持続可能な開発のための教育実施計画（ESD国内実施計画）の作成及び実施等、今後のESD推進方策に関する意見交換を行う持続可能な開発のための教育円卓会議を開催する、としている。
http://www.mext.go.jp/unesco/004/detail/1359301.htm(2016.12.13)。
＊29 SDGs推進本部では、持続可能な開発目標（SDGs）の達成に向けた我が国の取組を広範な関係者が協力して推進していくため、行政、NGO、NPO、有識者、民間セクター、国際機関、各種団体等の関係者が集まり、意見交換を行うSDGs推進円卓会議を、SDGs推進本部の下に設置する、としている。
http://www.kantei.go.jp/jp/singi/sdgs/index.html(2016.12.13)。

おわりに
――結論と今後に向けて――

　本書は、公正で持続可能な社会である消費者市民社会において、消費者が主体的に市場の一員としての行動をするための「現代の消費者主権」を論ずるものである。そこでは経済社会における消費者をベースに市民としての側面をも考慮するものではあるが、ベースはあくまでも企業が提供する商品・サービスとのかかわりの中での消費者の行動を問題にする。もちろん市民としての側面を見たときには、政治の世界で、投資の世界で、あるいは寄付などによる市民組織への支援など個人が主体的に社会の一員として行動できることはたくさんあり、その活動も近年活発になっているが、ここでは上記に限定して論じている。
　すべての人は消費者であり、私たち消費者一人一人がこれからの社会、つまり消費者市民社会のなかで"何ができるか""どう行動するか"が問われている。消費者が社会のなかで主役として適切な行動をすることによって社会を変えることができる。しかし、消費者だけではなく、同時に企業も行政も、そして市民組織もまた消費者が消費者市民社会のなかで主体として行動できるための支援も必要である。消費者は市場経済社会のなかで大きな制約のもとにおかれているからである。
　その意味で本書は、消費者の立場だけではなく、企業、行政、市民組織の在り方を問うものともいえる。
　改めて、消費者市民社会における「現代の消費者主権」を確認する。
　現代社会における消費者は権利を主張して自己の利益を守るために行動すること、もしその権利が侵害された場合にはその回復を求めて行動すること、また、自己の選択が現世代のみならず未来の世代に影響を及ぼすことを考慮して行動していくことによって持続可能な社会に形成に参画していくことである。

　本書において考察してきた内容を振り返ってみよう。

消費者主権をめぐる現状

「はじめに―消費者は消費者市民社会の主役になれるか―」では現在の消費者をめぐる社会の状況を概観し、消費者市民社会の主役になるための「現代の消費者主権」の実現が必要であるとの問題提起を行った。

現在、消費者は複雑な状況に立たされている。消費者政策においては消費者が主役の社会となるためのさまざまな取組みが実施されている。しかし、そこにはさまざまな問題も課題もある。

そこで本書ではまず、市場経済における消費者の在り方の基本である「消費者主権」を確認した。つまり、「消費者主権」は消費者の選択がよりよい商品や企業が市場に残り、問題ある商品や企業が淘汰される世界である。これについては「第1章 消費者の選択と市場経済」で考察している。また現実の市場ではこの消費者主権が阻害されていることから「消費者の権利」が認められ、消費者主権の回復が図られるようになっており、今や消費者の権利は世界共通で認められるようになっていること、日本においても2004年の消費者基本法で消費者の権利が定められていることを確認した。その後、規制緩和による市場の活性化の要請は消費者の役割を求めるようになったが、市場経済との関係での考察が十分ではなく、権利の反面として当然視する誤解も生じていることから、市場経済との関係での消費者の役割の意味を考察してきた。

次に、市場において企業との情報や交渉力の格差などにより、さまざまな影響を受けている消費者は多様かつ複雑な消費者問題にさらされていることから、「第2章 市場経済における消費者と消費者問題」において、市場における消費者の実態と消費者問題の詳細を考察し、「第3章 消費者問題の『問題点』と『発生要因』」において、消費者問題の「問題点」を6つに整理したうえで、その「発生要因」は市場との関係で3つに整理できるとした。そしてこのような背景を持つ消費者問題に対する政策について、「第4章 消費者政策」において、戦後から現在までの消費者政策の変遷を振り返った。

「第5章 消費者市民社会と消費者」では現在求められている消費者市民社会とは何か、またそこでの持続可能な社会への消費者への期待について考察し、さらに2015年国連で採択されたSDGs（持続可能な開発目標）にも触れ、そこで注目されている「持続可能な消費」について考察した。

おわりに

　「第6章　消費者を支援する消費者教育」については、消費者が現代の消費者主権を実現するために、必要となるさまざまな消費者支援のうち、とりわけ重要な消費者教育を取り上げた。2012年の消費者教育推進法の成立によって消費者市民社会の形成に向けて消費者教育は進み始めているものの多くの課題もある。消費者教育は従来から消費者の自立を目指すものとされてきているが、その背景に消費者政策が消費者を「保護」から「自立」の対象としていることが問題であるとし、消費者は依然として「保護」が必要であり、消費者教育は消費者の自立への支援ではなく、消費者の主体的な行動への支援であり、消費者をエンパワーメントするものとして捉える必要があることを明確にした。

　「第7章　『現代の消費者主権』の実現——消費者が消費者市民社会の主役となるために」では、これまでの考察から導かれる「現代の消費者主権」の内容を明らかにし、ここで改めて、消費者の捉え方について、市場との関係から二面性があることから、消費者問題の「発生要因」とともに考察した。

　また、消費者が主体的な行動を行うことは基本であるが、他の主体はそれぞれの特性に応じて役割を担う必要があることから、事業者（団体）、行政、消費者団体、そして多様な主体による連携・協働の役割について考察した。

　「第8章　多様な事例を通して考える『現代の消費者主権』の実現」では、現代の消費者主権が具体的な事例ではどのように考えられるのかを明確にするために、多様な消費者に関わる10の事例を取り上げて考察をした。

　「おわりに——結論と今後に向けて——」は本章である。

今後に向けて、消費者、企業、行政、市民組織へ

　いままで「現代の消費者主権」を実現するために、消費者はもとよりさまざまな主体の消費者支援が欠かせないことを考察してきた。ここでは、各主体に向けて、「現代の消費者主権」の実現にとっての重要と考えること、あるいは本論では十分に考察しなかったが今後考える必要があることを述べる。

■消費者へ

　消費者が消費者市民社会の主役としての行動が期待されている。しかし、主役となることができるのか、それは消費者次第でもある。日々消費者をめぐる問題は発生し、その背景も内容もさまざまであり、どのように判断して行動すればよいか、迷うことも少なくない。

　また消費者は企業の広告からの影響、あるいは圧倒的な力の強い企業からの影響を受け、ときには被害や不利益を一身に受けてしまうという理不尽な目に合うことも少なくない。被害が顕在化して初めて社会問題になり問題の解決に向かうことも多いが、それも十分というわけではない。しかし、戦後から現在まで声を上げて問題を解決してきた消費者も少なくない。そしていま、企業は消費者の声を聞こうとするだけではなく消費者の意向に沿った消費者志向経営に力を入れるという動きもみられるようになっており、消費者の声は聞き届けられるようになっている。消費者はそれらを活用し、その手段が不明であればインターネットで調べることも用意になっており、身近には行政の消費生活センターという相談窓口もある。そしてその声が届けられるようになったからこそ、消費者自身の意見や行動が同じ消費者に、あるいは商品・サービスの提供に関わる国内外の労働者、資源、地域への影響を考える必要がある。

　私たちの商品・サービスがどこから来たのか、私たちの選択が世界のだれかの人権を侵害することはないのか、を考えて選択をしていく必要がある。

　まず消費者は何が消費者の権利とされているかを確認することから始めたい。しっかり権利行使をすることが自らも他者もそして社会にとっても役立つことを学びたい。消費者市民社会とは一人一人の消費者の行動が重要なのである。「買い物は、私たちがどのような商品を支持したかを表明する、いわば『投票』と位置付ける」（日本弁護士連合会, 2016:49）という考え方も主張されるようになっている。私たちの買い物という選択を通して企業を動かし、問題解決につながることこそ消費者市民社会としての一員としての行動である。

　さらに私たち一人一人が消費者市民社会において権利を主張し、役割を認識して、問題解決に動ける消費者になることは理想だが、現実にはそれができない消費者、たとえば子ども、高齢者、障がい者などもいる。ある

おわりに

いは震災など突然の出来事によってそれが困難な状況になってしまうこともある。さらには難民や移民という人たちも身近な消費者となってくることも考えられる。私たち消費者はこのような消費者をさまざまな方法で支援していくことも消費者市民社会の一員としての役割である。

消費者が他の消費者の現状に配慮しながら支援していくことは消費者教育推進法でいう「個々の消費者の特性及び消費生活の多様性を相互に尊重」することにつながるだろう。

■事業者（団体）へ

いま、にわかに「消費者志向経営」が注目されている。前述したように、消費者志向経営の推進が2015年の消費者基本計画に盛り込まれ、それに沿って「消費者志向経営の取組促進に関する検討会」が開催・審議され、消費者志向経営の定義も盛り込んだ報告書が2016年に公表された。これからは企業の具体的な消費者志向経営の実践が問われてくる。

しかし、消費者志向経営はいまはじめて注目されたわけではない。経済産業省では、1990年から2005年までの消費者志向優良企業等表彰制度を実施するなかで、優れた成果をあげている企業等に対して毎年1回、経済産業大臣表彰を行ってきた。これは、多様化、個性化する消費者の行動やニーズを的確・迅速に把握し、これを企業経営に反映させることなどを目的にしたものである*1。また消費者組織であるNACSでも「消費者志向マネジメントシステムNACS基準」（NACS, 2004；古谷, 2010）を公表し、消費者志向経営の促進に力を入れてきた経緯がある。ただ、現在これらはいずれも行われていない。

また、現在、消費者志向経営の取組みとは別の動きではあるが、関連した動きとして、持続可能な社会への取り組みとしてのISO26000における「消費者課題」への取り組み、さらには2015年東京証券取引所が「コーポレートガバナンス・コード」*2を定めたことの影響もあり、企業はますますステークホルダーとしての消費者との関係を重要視していかざるをえなくなっている。

しかし、企業は消費者との関係をどのように構築していくかについてはまだ十分な検討がなされているとはいえない。消費者を自社の発展としてのニーズや顧客満足との関係では捉えてはいるものの、市場における企業

と消費者の関係を踏まえた取組みはこれからの課題である。企業は市場における消費者の二面性をもとに、企業が消費者に及ぼす影響を考慮し、消費者が市場のなかで主体的に行動していくように支援していくことがひいては市場の健全化に貢献して企業の利益になること、また消費者市民社会においては企業が持つ情報と影響力を考慮して消費者とともに持続可能な社会を目指して協働していくことが求められる。

■行政へ

消費者をめぐる行政の取り組みとしての消費者政策について、戦後から現在までの変化を本書で考察してきた。現在、消費者庁では目指す社会像として消費者市民社会を設定し、消費者の権利の確立、また消費者が主役となる社会を目指した消費者志向経営や消費者教育、さらには持続可能な社会への形成に向けての消費者のさらなる選択肢として倫理的消費の促進にも取り組んでいる。

しかし、欧米等の消費者政策と比べて、消費者保護を明確には打ち出してはいないこと、消費者教育についても欧米では市場で消費者が力を発揮するエンパワーメントという考え方に立っているが、日本では消費者の自立に焦点をあてることが消費者を主役とする社会を形成するための消費者政策として効果的なのかは懸念もある。また消費者市民社会の形成に歩を進めてはいるが、消費者教育の分野に偏っており、消費者政策全体としての持続可能性への取り組みは十分ではないように見受けられる。たとえば2015年策定の持続可能な開発目標（SDGs）への消費者庁の積極的関与はほとんど見受けられないからである*3。消費者の意識や行動への期待が高まる中、関連する企業の取り組みや行政の取組みが大きく関わることを考慮しながら進めていくことが必要なのではないだろうか。

行政は消費者と企業をめぐる市場環境の整備として重要な役割を持ち、消費者政策の方向性が消費者にも企業にも大きな影響を及ぼすことから、消費者政策の在り方については多くの研究や議論が必要になるところである。

■消費者団体等市民組織へ

消費者の主体としての行動を可能にするためには消費者団体や市民組織

の力が不可欠である。

　特に「現代の消費者主権」の実現にとって重要な主体である消費者団体については、我が国でのこれまでの消費者問題解決への貢献は大きいが、他方、課題も大きく、「『情報力の格差』を大きく解消する方向に作用したとはいえない」、「政府・大企業・消費者集団との『平衡力』において、他の二者に比較してまだ成熟した関係に至っているとは言い難い」（呉, 1997:107）との指摘や、アメリカの消費者団体が連邦議会において政策領域横断的なアクターであることと比較して日本の消費者団体の影響力に問題があるとの指摘（井上, 1999:30）もある。

　しかし、最近新たな消費者団体も台頭し、企業との協働などによる社会課題の解決への取組みや、NPO・NGOなどによる消費者教育や消費者課題に関わる動きもみられ、従来型の消費者団体にとらわれない消費者市民社会における市民組織の活動も窺えるところである。従来の消費者団体の良さを生かしながら、新たな活動によって、消費者の主体者としての活動を支援していくことが必要であろう。

■ さらなる課題の検討

　消費者が消費者市民社会において、主体として行動を促進していくためには、「現代の消費者主権」の考え方にもとづき具体的な消費者問題の解決手法について検討していくことが求められる。市場がグローバル化し消費者問題が複雑化していくなかで、消費者が主権者としてイニシアティブを取りながら他の主体と協働して問題解決をしていく手法の研究（古谷, 2013a; 2014a; 2015a）なども必要になるだろう。

　また、「現代の消費者主権」の支援として行政・企業・消費者団体の役割のさらなる具体化の研究も必要である＊4。

　これらは第8章で事例として一部示しているが、事例の蓄積も含めた研究が今後の課題となる。

註
＊1　経済産業省、『消費者志向優良企業表彰制度』
　　http://www.meti.go.jp/policy/economy/consumer/consumer/adviser.html（2016.12.21）。
＊2　会社が、株主をはじめ顧客・従業員・地域社会等の立場を踏まえた上で、透

明・公正かつ迅速・果断な意思決定を行うための仕組みである。
　http://www.jpx.co.jp/equities/listing/cg/tvdivq0000008jdy-att/code.pdf(2016.12.21)。
＊3　2016年12月22日、政府は「持続可能な開発目標（SDGs）実施指針」を公表し、「ステークホルダーとの連携」のなかの「消費者」の箇所には、「生産と消費は密接不可分であり、持続可能な生産と消費を共に推進していく必要があるとの認識の下で、消費活動において大きな役割を担う消費者や市民の主体的取組を推進していく。」としていること、また具体的施策のなかには「消費者基本計画の推進」「消費者教育における消費者市民社会の理念等の普及」「倫理的消費の普及啓発」が含まれており、今後の行政の取組みの充実を期待したい。
　http://www.kantei.go.jp/jp/singi/sdgs/dai2/siryou1.pdf(2016.12.22)。
　http://www.kantei.go.jp/jp/singi/sdgs/dai2/siryou2.pdf(2016.12.22)。
＊4　古谷,2013aにおいては、日本の消費者団体の特徴と課題を考察したが、今後それらの団体の具体的な活動の考察が必要になってくるだろう。

参考文献

＜日本語文献＞

青柳みどり（2011）、「持続可能な消費とライフスタイル」、『環境情報科学』第40巻第2号、12〜16頁。

朝岡敏行・関川靖（2012）、「はじめに」『消費者サイドの経済学 改定版』同文舘出版、ⅰ〜ⅱ頁。

朝岡敏行（2012）、「第2章 消費者サイドの経済学とは」、「第21章 消費者の権利と責任」朝岡敏行・関川靖『消費者サイドの経済学 改訂版』同文舘出版、3〜13頁、259〜269頁。

井上拓也（1999）、「アメリカの消費者団体と連邦議会」『国民生活研究』第39巻第2号、国民生活センター、30〜42頁。

─── （2009）、「消費者団体の国際比較─比較の中の日本の消費者団体─」『生活協同組合研究』No.405、生協総合研究所、28〜34頁。

色川卓男（2006）、「消費者と消費者政策」御船美智子編著『消費科学入門』光生館、53〜67頁。

岩本諭（2013）、「第2章日本の消費者市民社会」・「第8章消費者の権利と責任」岩本諭・谷村賢治編『消費者市民社会の構築と消費者教育』晃洋書房、21〜39、137〜154頁。

上村協子・長沼有希・西網 利恵（2011）、「日本型『持続可能な消費』のための教育戦略─東京家政学院大学における生産消費者教育─」『東京家政学院大学紀要』第51号、1〜11頁。

宇都宮健児（2014）、『自己責任論の嘘』KKベストセラーズ。

ACAP（2002）、『企業における消費者対応部門及び自主行動基準に関する実態調査報告』。
　http://www.acap.or.jp/taigai/chosa-kenkyu/img/0403houkoku.pdf(2016.10.25)。

─── （2008）、『企業における消費者対応体制に関する実態調査』
　http://www.acap.or.jp/taigai/chosa-kenkyu/img/2008.3.pdf(2016.10.25)。

─── （2012）、『企業における消費者対応体制に関する実態調査報告書』。
　http://www.acap.or.jp/taigai/chosa-kenkyu/pdf/2011jittai/jittaichosa.pdf(2016.10.25)。

大久保克子（2002）、「第5章 表示の適正化と不当誘引の規制」多田吉三・大久保克子・西村晶子『消費者問題の理論と展開』晃洋書房、103〜136頁。

小笠原むつみ（2015）、『コンプレインレター活用のススメ 〜企業と消費者の円滑コミュニケーションの促進に向けて〜』。
　http://www.acap.or.jp/kyoikukikan/sakuhinitiran1.html(2016.10.28)。

大村敦志（1998）、『消費者法』有斐閣。
小木紀之（1998）、「第2章 消費者問題の課題と展望」「第4章 消費者行政の展開」小木紀之・中村年春・木村立夫・井上崇通『消費者問題の展開と対応』放送大学教育振興会、20〜33、50〜72頁。
小澤紀美子（2003）、「持続可能な社会を目指す地球市民」原ひろ子・小澤紀美子『持続可能な消費と生活者』放送大学教育振興会、207〜214頁。
小澤重久（2006）、「消費者政策の変化と消費者運動の課題」『生活共同組合研究』No.368号、生協総合研究所、43〜54頁。
柿野成美（2013）、「第1章『消費者市民』をめぐる国際的潮流」岩本諭・谷村賢治編著「消費者市民社会の構築と消費者教育」晃洋書房、3〜20頁。
加藤一郎（1984）、「消費者問題の展望」加藤一郎・竹内昭夫編『消費者法講座』第1巻、1〜45頁。
川村雅彦（2015）、『CSR経営　パーフェクトガイド』ウィズワークス。
吉川肇子（2013）、「リスク・コミュニケーション」今田高俊責任編集『社会生活からみたリスク』岩波書店、127〜138頁。
来生新（1997）、「消費者主権と消費者保護」最上敏樹編『岩波講座 現代の法13 消費生活と法』岩波書店、279〜305頁。
─── （2011）、「消費者を法の目で見る」來生新・山本裕子『企業・消費者・政府と法―消費生活と法―』NHK出版、47〜60頁。
北村善宣（1998）、「環境行政と消費者―合理的環境人と市場環境の整備」『ジュリスト』No.1139、94〜100頁。
久保田裕子（1999）、「国際消費者運動の動向―CI（国際消費者機構：旧IOCU）」国民生活センター編『戦後消費者運動史［資料編］』大蔵省印刷局、255〜266頁。
熊谷謙一（2011）、『動き出すISO26000－「組織の社会的責任」の新たな潮流』日本生産性本部 生産性労働情報センター。
蔵本一也（2012）、「企業の社会的責任としての消費者対応」『国民生活研究』第52巻第2号、国民生活センター、56〜70頁。
経済企画庁消費者行政課編（1975）、『消費者被害の救済―その制度化の方向―』大蔵省印刷局。
────国民生活向上対策審議会（1987）、「消費者保護に関する答申」『消費者問題に対する提言』大蔵省印刷局、3〜43頁。
経済産業省、『製品安全ガイド』。
　http://www.meti.go.jp/product_safety/producer/point/03-1.html（2016.12.12）。
郷原信郎（2015）、「消費者問題と企業のコンプライアンス」『ジュリスト』No.1477、有斐閣、12〜18頁。

参考文献

九里徳泰（2011）、「サステイナブル・マーケティング・イノベーション —エコロジカル・マーケティングからサステイナブル・マーケティングへ—」『富山県立大学紀要』第21巻、63～73頁。
国民生活センター（2015）、『2014年度のPIO-NETにみる危害・危険情報の概要』http://www.kokusen.go.jp/pdf/n-20150820_2.pdf（2016.12.27）。
呉世煌（1997）、「消費者運動の新展開—歴史・現状・課題—」水谷允一・呉世煌・塩田雄編著『消費者のための経済学』同文舘出版、5～114頁。
———（2005）、「消費者運動と環境運動を架橋する自由財の消費と利用」呉世煌・西村多嘉子編著『消費者問題』慶應義塾大学出版会、27～46頁。
齋藤雅弘（2013）、「第1章 消費者問題と消費者法」日本弁護士連合会編『消費者法講義 第4版』日本評論社、1～29頁。
境井孝行（2003）、『国際消費者運動』大学教育出版。
佐々木幸孝（2013）、「第18章 消費者紛争手続」日本弁護士連合会編『消費者法講義 第4版』日本評論社、471～491頁。
潮見佳男（2004）、「消費者基本法について」『月報司法書士』No.393、日本司法書士会連合会、46～51頁。
嶋村紘輝（2009）、「第1章 経済社会と消費者の活動」嶋村紘輝・酒井徹編著『経済と消費者』慶應義塾大学出版会、1～20頁。
柴田純男（2010）、「消費者対応部門の今後—消費者対応部門が今後強化していくべき機能の考察—」『ACAPジャーナル』No.3、ACAP、38～44頁。
正田彬（2010）、『消費者の権利』岩波書店。
消費者庁、『消費者保護会議総覧第1回～第35回』。
　http://www.caa.go.jp/seikatsu/shingikai2/kako/spc_top.html（2016.12.14）。
———（2010）、『消費者基本計画』（平成22年3月20日閣議決定）。
　http://www.caa.go.jp/adjustments/pdf/22-1.pdf（2016.12.20）。
———（2012）、『消費者問題及び消費者政策に関する報告（2009年～2011年度）』。
　http://www.caa.go.jp/adjustments/pdf/120831_adjustments_honbun_1.pdf（2016.11.30）。
———（2013a）、『平成25年版消費者白書』。
　http://www.caa.go.jp/adjustments/pdf/25hakusho_honbun.pdf（2016.11.30）。
———（2013b）、『消費者教育の推進に関する基本方針』。
　http://www.caa.go.jp/information/pdf/130628_kyoiku_houshin3.pd（2016.11.26）。
———（2013c）、『海外主要国における消費者政策体制等に関する総合的調査』。
　http://www.caa.go.jp/adjustments/pdf/130510kaigaihoukoku24.pdf（2017.01.25）。
———（2014a）、『平成26年版消費者白書』。
　http://www.caa.go.jp/information/hakusyo/2014/honbun.html（2016.11.30）。

―――――（2014b）、『ハンドブック消費者2014』。
―――――（2015a）、『平成27年版消費者白書』。
　http://www.caa.go.jp/information/hakusyo/2015/honbun.html（2016.10.28）。
―――――（2015b）、『消費者基本計画』（平成27年3月24日閣議決定）。
　http://www.caa.go.jp/adjustments/pdf/150324adjustments_1.pdf（2016.12.11）。
―――――（2015c）、『消費者志向経営の取組促進に関する検討会』。
　http://www.caa.go.jp/information/index25.html（2016.12.17）。
―――――（2015d）、『「倫理的消費」調査研究会』。
　http://www.caa.go.jp/region/index13.html（2016.1.210）。
―――――（2016a）、『平成28年版消費者白書』。
　http://www.caa.go.jp/policies/policy/consumer_research/white_paper/pdf/28hakusho_all.pdf（2016.12.12）。
―――――（2016b）、『消費者志向経営の取組促進に関する検討会　報告書』。
　http://www.caa.go.jp/information/pdf/160406_houkokusho.pdf（2016.12.17）。
―――――（2016c）、『「倫理的消費」調査研究会　中間取りまとめ　～あなたの消費が世界の未来を変える～』。
　http://www.caa.go.jp/region/pdf/160622_1.pdf（2016.1120）。
―――――（2016d）、『第14回（2016年6月28日）消費者教育推進会議議事録』。
　http://www.caa.go.jp/policies/council/cepc/meeting_materials_2/pdf/160630_gijiroku.pdf（2016.12.20）。
鈴木深雪（2010）、『消費者政策消費生活論（第5版）』尚学社。
関川靖（2012）、「第1章　消費者サイドの経済学とは」、「第6章　市場の限界」朝岡敏行・関川靖『消費者サイドの経済学　改定版』同文館出版、3～13頁、61～71頁。
関正雄（2011）、『ISO26000を読む』日科技連出版社。
千賀瑛一（2010）、「企業と市民、ステークホルダー・ミーティング」『法と経済のジャーナル』Asahi Judiciary。
　http://judiciary.asahi.com/fukabori/2010102700010.html（2016.12.13）。
高瀬浩二、近藤康之、鷲津明由（2006）、「廃棄物産業連関モデルを用いたライフスタイルの環境効率指標」『第17回廃棄物学会研究発表会講演論文集　2006』、296～298頁。
多田吉三（2002）、「第1章　消費者問題とは何か」多田吉三・大久保克子・西村晶子『消費者問題の理論と展開』晃洋書房、1～21頁。
谷みどり（2012）、『消費者の信頼を築く安全な製品と取引のための消費者問題ハンドブック』新曜社。

参考文献

谷本寛治（2013）、『責任ある競争力 CSRを問い直す』NTT出版。
田村太郎（2011）、「生活者と企業が共に担う社会的責任―社会課題の解決とCSRの展開」『情報誌CEL』Vol.96、大阪ガス㈱エネルギー・文化研究所、27～30頁。
坪郷實（2006）、『参加ガバナンス』日本評論社。
鶴田敦子・大竹美登利ほか（2014）、『文部科学省検定済教科書中学技術・家庭科用 家庭分野』開隆堂出版。
デイビッド,ブルーノ・バートン、J・アブード、ピーター・レーシー（2011）、「サステナビリティ活動は企業の業績に貢献するか」『Outlook日本語版』アクセンチュア、February、8～21頁。
　　http://www.cpwerx.de/SiteCollectionDocuments/jp-ja/PDF/research/Accenture_Outlook_titletop_February_2011.pdf（2016.12.30）。
徳力徹也（2003）、「第3章 競争秩序の維持と法」中村年春、永田均編著『企業行動と現代消費者法のシステム』中央法規出版、41～53頁。
内閣府（2003）、『21世紀型消費者政策の在り方』国立印刷局。
―――（2008a）、『平成20年版国民生活白書～消費者市民社会への展望－ゆとりと成熟した社会構築に向けて－』。
　　http://www5.cao.go.jp/seikatsu/whitepaper/h20/10_pdf/01_honpen/（2016.12.15）。
―――（2008b）、『消費者行政推進基本計画～消費者・生活者の視点に立つ行政への転換～』。
　　http://www.kantei.go.jp/jp/singi/shouhisha/kakugi/080627honbun.pdf（2016.12.10）
―――（2015）、「消費者行政の推進に関する世論調査」（2015年調査）。
　　http://survey.gov-online.go.jp/h27/h27-shouhisha/index.html（2016.12.05）
中村雅人（2015）、「情報化、国際化、高齢化時代の製品安全―製造物責任法施行から20年で考えること―」『国民生活』No.35、国民生活センター、1～6頁。
　　http://www.kokusen.go.jp/wko/pdf/wko-201506_01.pdf（2015.11.30）。
中村年春（2005）、「消費者問題におけるNPOの役割」『季刊家計経済統計研究』。WINTER No.65,42～55頁。
西村多嘉子（2005）、「第1章 現代消費者問題に関する制度設計の基礎視覚」呉世煌・西村多嘉子編著『消費者問題』慶應義塾大学出版会,1～25頁。
―――――（2010）、「第1章 現代社会と消費者」西村多嘉子・藤井千賀・森宮勝子編著『法と消費者』慶應義塾大学出版会、4～18頁。
日本弁護士連合会消費者問題対策委員会編（2016）、『お買い物で世界を変える』岩波書店。
日本規格協会編（2011）、『ISO26000：社会的責任に関する手引き』日本規格協会。
長谷川公一編（2001）、『講座 環境社会学 第4巻 環境運動と政策のダイナミズム』

有斐閣。
花田眞理子・中原秀樹（2015）、「環境配慮型購買行動の現状と普及のための課題〜大阪GPN会員アンケートをもとに〜」『大阪産業大学 人間環境論集』第14巻、23〜44頁。
原ひろ子（2003）、「第1章 持続可能な消費と生活者とは」原ひろ子・小澤紀美子ほか『持続可能な消費と生活』放送大学教育振興会、9〜19頁。
福士正博（2011）、「持続可能な消費——二つのバージョン（1）」『東京経大学会誌』第269号、193〜212頁。
古谷由紀子（2010）、『消費者志向の経営戦略』芙蓉書房出版。
―――― （2013a）、『消費者団体は消費者課題をどう解決するか—市場経済の視点から—』立教大学大学院21世紀社会デザイン研究科修士論文。
―――― （2013b）、「企業の消費者対応に求められるものとは—CSから消費者課題の解決へ」『都市問題』October Vol.104、後藤・安田記念東京都市研究所、66〜73頁。
―――― （2014a）、「消費者課題解決における消費者団体と事業者の関係の見直し—消費者課題の要因への考慮—」『日本経営倫理学会誌』第21号、143〜153頁。
―――― （2014b）、「家電製品PLセンターの事例開示拡大による一般消費者の行動改善への期待—消費者のリスクマネジメントの視点から—」『消費者法』第6号、97〜117頁。
―――― （2015a）、「『社会的責任に関する円卓会議』の意義と課題—マルチステークホルダー・プロセスによる社会課題解決モデルとして—」『日本経営倫理学会誌』第22号、95〜108頁。
―――― （2015b）、「情報開示が促す企業と消費者とのコミュニケーション」西島基弘監修『情報社会における食品異物混入対策最前線 リスク管理からフードディフェンス、製品回収、クレーム対応、最新検知器まで』エヌ・ティー・エス、201〜209頁。
―――― （2015c）, 「持続可能な社会と消費者の参画 —消費者政策の在り方、事業者との関係等も含めて—」『公正で持続可能な 公正で持続可能な〈消費・生産〉に向けて〈消費・生産〉に向けて〜取組・制度 /政策の最新動向と提起』グリーンエコノミーフォーラム、12〜14頁。
http://geforum.net/wp-content/uploads/2015/07/SCP%E3%83%AC%E3%83%9D%E3%83%BC%E3%83%88201503.pdf(2016.12.20)。
細川幸一（2006）、「消費者基本法における『消費者の権利』の権利性について」『日本女子大学紀要家政学部』第53号、139〜155頁。
穂積忠・小林信雄（2001）、「消費者利益の二元的性格—消費経済学の役割—」『日

参考文献

本消費経済学年報』第22集、49〜56頁。
町野和夫(2015)、「第7章 不確実性と情報の非対称性」柳川隆・町野和夫・吉野一郎『ミクロ経済学・入門 ビジネスと政策を読みとく(新版)』有斐閣、151〜176頁。
松岡勝実(2009)、「消費者像の多様性と『消費者市民』」(1)「『アルテスリベラレス(岩手大学人文社会科学部紀要)』第85号、99〜110頁。
――――(2011)、「消費者像の多様性と『消費者市民』――統合的消費者像の提示――」(3)『アルテスリベラレス(岩手大学人文社会科学部紀要)』第88号、73〜83頁。
松本恒雄(1991)、「消費者私法ないし消費者契約という概念は可能か必要か」椿寿夫編『講座現代 契約と現代債権の展望6・新種および特殊の契約』日本評論社,1〜34頁。
――――(2004)、「改正された消費者基本法と消費者団体の役割」『情報誌CEL』Vol.70、大阪ガス㈱エネルギー・文化研究所、90〜91頁。
――――(2009)、「消費者法における公私協働とソフトロー」『新世代法政策学研究』第2号、81〜103頁。
――――(2010)、「これからの消費者行政に求められるもの」『ACAP研究所ジャーナル』No.3、ACAP、6〜13頁。
――――(2014)、「消費者行政の一元化、企業の社会的責任、消費者市民社会――新たな地平へ」『ACAP研究所ジャーナル』No.7、ACAP、4〜9頁。
――――(2015)、「現代の消費者政策に見る法律と社会的責任の関係――消費者・事業者・行政の新たなトライアングルの形成に向けて」『法政研究』第81号、275〜305頁。
松本恒雄監修(2011)、『ISO26000実践ガイド 社会的責任の手引き』中央経済社。
丸山千賀子(2006)、「消費者団体の発展と組織のあり方について」『生活協同組合研究』Vol.368、生協総合研究所、34〜42頁。
――――(2015)、「消費者問題の変遷と消費者運動――消費者政策の基礎――」開成出版。
水谷充一(2005)、「第1章 消費経済学と消費者問題」石橋春男編著『消費経済理論』慶應義塾大学出版会、1〜19頁。
御船美智子(2006)、「消費生活と消費社会」御船美智子編著『消費科学入門』光生館、11〜24頁。
三浦展(2012)、『第四の消費 つながりを生み出す社会へ』朝日新聞出版。
宮園由紀代(2009)、『消費者のエンパワーメントは何のため?』NACS消費生活研究所。

http://nacs.or.jp/kennkyu/column/consumer_empowerment/（2016.11.26）
安田憲司（2001）、「消費者問題アプローチの可能性に関する一考察―市場経済／消費社会／市民社会の視点」『国民生活研究』第41巻第3号,国民生活センター、29〜45頁。
――――（2005）、「消費者政策推進体制の課題―消費者政策の手法の転換」呉世煌編著『消費者問題』慶應義塾大学出版会、47〜66頁。
――――（2006）、「現代の消費者問題」御船美智子編著『消費科学入門』光生館、35〜52頁。
山田博文・前田裕貴（2014）、「消費者行政の転換と消費者の自立」『群馬大学教育学部紀要 人文・社会科学編』第63巻、43〜54頁。
柳川隆（2015）、「第4章 市場均衡と経済厚生」柳川隆・町野和夫・吉野一郎『ミクロ経済学入門 ビジネスと政策を読みとく（新版）』有斐閣、82〜107頁。
山田壽一（2008）、「消費者の自立―消費者保護基本法から消費者基本法へ」『中央学院大学商経論集』22巻2号、165〜174頁。
山本泰三（2008）、「ACAPの消費者啓発活動について」『ACAP研究所ジャーナル』No.1、ACAP、18〜21頁。
吉田克己（2008）、「市場秩序と民法・消費者」『現代消費者法』第1号、67〜78頁。
渡邊哲（2010）、「第3章 消費生活と環境」石橋春男編著『環境と消費者』慶應義塾大学出版会、41〜62頁。
渡辺龍也（2010）、『フェアトレード学』新評論。
――――（2011）、「『応援消費』―東日本大震災で『発見』された消費の力―」『現代法学』第26号、311〜342頁。

＜外国語文献＞

A. Gilg, S. Barr, N. Ford. (2005) 'Green Consumption or sustainable Lifestyles? Identifying the sustainable consumer', *Futures*, Vol.37, pp.481-504.

Akerlof, George A.(1970), "The Market for Lemons: Quality Uncertainty and the Market Mechanism" *The Quarterly Journal of Economics*, Vol. 84, No.3, Aug., pp.488-500.

American Society for Testing and Material(ASTM)（米国材料試験協会）
http://www.gsa.gov/portal/content/101059（2016.11.10）。

British Standards Institution(BSI)（英国規格協会）
https://www.ihs.com/products/bsi-standards.html（2016.11.10）。

Bush, David M, Maian Friestad, and Peter Wright(2009), *Deception in the Market place: The Psychology of Deceptive Persuasion and Consumer Self-protection*, Ro

参考文献

utledge.
（安藤清志・今井芳昭監訳（2011）、『市場における欺瞞的説得 消費者保護の心理学』誠信書房。）
Consumers International(CI), Consumer Rights.
http://www.consumersinternational.org/who-we-are/consumer-rights/（2016.11.20）。
Commision of the European Communications(EC)(2007), *EU Consumer Policy strategy 2007-2013 Empowering consumers, enhancing their welfare, effectively protecting them.*
http://ec.europa.eu/consumers/archive/overview/cons_policy/doc/EN_99.pdf（2016.10.30）。
European Commission(EC)(2007), *EU Consumer Policy strategy 2007-2013 Empowering consumers, enhancing their welfare, effectively protecting them.*
http://ec.europa.eu/dgs/health_food-safety/information_sources/docs/ca/cps_0713_en.pdf(2016.12.20)。
European Commission(EC)(2012), *A European Consumer Agenda-Boosting confidence and growth*,Brussels, 22.5.2012 COM(2012)225 final.
http://ec.europa.eu/consumers/archive/strategy/docs/consumer_agenda_2012_en.pdf（2016.11.26）。
F. Duchin and K. Hubacek (2003) 'Linking social expenditures to household lifestyles', *Futures*, Vol.35, pp.61-74.
G. Seyfang (2005) 'Shopping for Sustainability: Can Sustainable Consumption Promote Ecological Citizenship?', *Environmental Politics*, Vol.14, pp.290-306.
Galbraith, John Keneth (1998), *The Affluluent Society*, Fortieth Anniversary edition, Boston, Houghton Mifflin.
（鈴木哲太郎訳（2006）、『ゆたかな社会 決定版』岩波書店。）
Hirschman, Albert O.(1970), *Exit, Voice, and Loyalty; response to decline in firms, organizations, and States*, Cambridge, Mass: Harvard University Press.
（矢野修一訳（2005）、『離脱・発言・忠誠――企業・組織・国家における衰退への反応――』ミネルヴァ書房。）
Howells, Geraint(2005), "The Potential and Limits of Consumer Empowerment by Information," *Journal of Law and Society*, Vol.3, pp.349-370.
OECD(2007), OECD Recommendation on Consumer Dispute Resolution and Redress.
http://www.oecd.org/sti/ieconomy/oecdrecommendationonconsumerdisputeresolutionandredress.htm(2016.11.30)。
（消費者庁訳（2007）,『消費者の紛争解決及び救済に関するOECD理事会勧

告』。)
　　http://www.consumer.go.jp/seisaku/caa/kokusai/file/oecd-kariyaku.pdf(2016.11.05)。
――――(2010), *Consumer Policy Toolkit*,OECD Publishing,Paris.
　　(消費者庁訳、『消費者政策ツールキット』、2010年)
　　http://www.caa.go.jp/adjustments/pdf/130621kit.pdf(2016.11.27)。
Paine, Lynn S.,(2014), "Sustainability in the Boardroom: Lessons from Nike's Playbook," *Harvard Business Review*, July-August 2014, pp.87-94.
　　(有賀裕子訳(2015),「社会的責任委員会はどう対処しかたか ナイキのCSR活動:取締役会が果たす５つの役割」『Harvard Business Review』January 2015,64-76頁。)
Payne, Stephen L., and Jerry M. Calton (2002), "Towards a Managerial Practice of Stakeholder Engagement: Developong Multi-stakeholder Learning Dialogues,"*The Journal of Corporate Citizenship*, Issue6, pp.37-52.
Post, James E., Anne T. Lawrence, and James Weber(2001), *Business and Society: Corporate Strategy, Public Policy, Ethics*, McGraw-Hill.
　　(松野弘・小阪隆秀・谷本寛治監訳(2012a)、『企業と社会（上）－企業戦略・公共政策・倫理―』ミネルヴァ書房。)
　　(松野弘・小阪隆秀・谷本寛治監訳(2012b)、『企業と社会（下）－企業戦略・公共政策・倫理―』ミネルヴァ書房。)
Stengel, Richard(2009), "For American Consumers,a Responsibiliy Revolution,"*TIME* Thursday,Sept.10,2009,Time Inc.
T. Jackson and L. Michaelis (2003), *Policies for sustainable consumtion A report to the Sustainable Development Commission*, Sustainable DevelopmentbCommsion.
United States Consumer Product Safety Commission(CPSC)（米国消費者製品安全委員会） https://www.cpsc.gov/(2016.12.01)。
United Nations,70/186(2016), *Consumer protection*.
　　http://www.caa.go.jp/adjustments/pdf/160729hogo-eng.pdf(2016.12.20)。
　　(消費者庁訳,『消費者保護に関する国連総会決議（A/RES/70/186)』。)
　　http://www.caa.go.jp/adjustments/pdf/160729hogo-kariyaku.pdf(2016.12.20)。
United Nations Development Programme(UNDP)(国連開発計画)
　　http://www.undp.org/(2016.01.10)。
United Nations WCED(World Commission on Environment and Development)(1987), *Report of the World Commission on Environment and Development: Our Common Future*.
　　http://www.un-documents.net/our-common-future.pdf(2016.12.10)。

参考文献

USA .Gov.(2015), *Consumer Action Handbook.* https://www.usa.gov/handbook(2016.12.12)。

Waterson, Michael(2003), "The Role of Consumers in Competition and Competition Policy," *International Journal of Industrial Organization* ,Vol 21,pp.129-150.

W. E. Kilbourne (2004) 'Sustainable Communication and the Dominant Social Paradigm: Can they Be Integrated?', *Marketing Theory*, Vol.4, pp.187-208.

W. Young, et.al (2009) 'Sustainable Consumption: Green Consumer behavior when purchasing products', *Sustainable Development*, Vol.18, pp.20-31.

著者
古谷由紀子（ふるや ゆきこ）
1949年生まれ。博士（総合政策）、消費生活アドバイザー。
中央大学大学院総合政策研究科博士後期課程修了。サステナビリティ消費者会議代表、日本消費生活アドバイザー・コンサルタント・相談員協会常任顧問、経営倫理実践研究センターフェロー、CSRレビューフォーラム共同代表、中央大学政策文化総合研究所客員研究員。消費者庁「消費者教育推進会議」委員、財務省「関税・外国為替等審議会」委員。
主な著書に、『消費者志向の経営戦略』（芙蓉書房出版、2010年）、『ISO26000実践ガイド―社会的責任に関する手引―』（共著、中央経済社、2011年）、『商品の安全性と社会的責任』（共著、白桃書房、2013年）。主な論文に、「今後の消費者政策の在り方―消費者教育推進法の成立の背景からの考察―」（『中央大学大学院研究年報』2014年）、「消費者課題解決における消費者団体と事業者の関係の見直し―消費者課題の要因への考慮―」（『日本経営倫理学会誌』第21号、2014年）、「家電製品PLセンターの事例開示拡大による一般消費者の行動改善への期待―消費者のリスクマネジメントの視点から―」（『消費者法』第6号、2014年）などがある。
その他の活動として、企業の品質・コンプライアンス等委員会の社外委員、CSRダイアログ等に参加。　　　　E-Mail:QYS02171@nifty.ne.jp

現代の消費者主権
――消費者は消費者市民社会の主役となれるか――

2017年5月19日　第1刷発行

著者
ふるやゆきこ
古谷由紀子

発行所
㈱芙蓉書房出版
（代表　平澤公裕）
〒113-0033東京都文京区本郷3-3-13
TEL 03-3813-4466　FAX 03-3813-4615
http://www.fuyoshobo.co.jp

印刷・製本／モリモト印刷

ISBN978-4-8295-0713-1

【芙蓉書房出版の本】

消費者志向の経営戦略
古谷由紀子著　本体 1,800円

企業活動を消費者利益と調和させ、消費者の支持と信頼のもとに成功を収める時代がすぐそこに来ている。調査活動や、さまざまな企業の消費者志向経営への参画のなかで築いてきたノウハウや情報に基づいて企業戦略に不可欠の〈本物の消費者志向経営〉とは何かを示す。

地域活性化政策とイノベーション
EU主要国の事例研究
法政大学地域研究センター・岡本義行編　本体 2,500円

ヨーロッパでは地域活性化にどのように取り組んでいるのか？　EU主要国の研究者を招いて毎年開催されている国際シンポジウムの成果が初めて書籍化された。地域活性化の成功事例、産業クラスターの創出・育成、これからの課題などを議論。

地域活性化の情報戦略
安藤明之編著　森岡宏行・川又実・牛山佳菜代著　本体 2,000円

2040年までに全国の自治体の半分が消滅する？　大都市優位の流れの中で地域創生・地域活性化のためのICTなどの情報の戦略的活用事例を紹介。

地域メディア・エコロジー論
地域情報生成過程の変容分析
牛山佳菜代著　本体 2,800円

コミュニティ FM、フリーペーパー、地域ポータルサイト、地域 SNS、インターネット放送、携帯電話を利用した情報サービス等、多様な媒体を活用した取組みが全国各地で行われているいま、「多数のメディアが独自の役割で棲み分けて共存する」というメディア・エコロジー」の視点から、新たな地域活性化の姿を提示する。

もどれない故郷(ふるさと)ながどろ
飯舘村帰還困難区域の記憶
長泥記録誌編集委員会編　本体 2,400円

今でも「帰還困難」となっている飯舘村長泥行政区の74世帯281人の住民たちが企画した記録誌。300点の写真と聞き書きで構成。